Notburga Grosser · Maria Koth

Alles klar!
ÜBUNGSHEFT

Einmaleins

VERITAS
Lernen verbindet uns

Inhaltsverzeichnis

Grunderfahrungen mit Malaufgaben

Einfache Malrechnungen	3
Malrechnungen erkennen	4
Tauschaufgaben	5

Erarbeitung der Malreihen

Zehner- und Einerreihe	6
Fünferreihe	7
Zweierreihe	8
Viererreihe	9
Malreihen mit 1, 2, 4, 5 und 10 üben	10 – 11
Dreierreihe	12
Sechserreihe	13
Malreihen mit 2 ,3, 4, 5, 6 und 10 üben	14 – 15
Achterreihe	16
Neunerreihe	17
Malreihen mit 3, 6 und 9 üben	18
Malreihen mit 2, 4 und 8 üben	19
Siebenerreihe	20
Malreihe mit 7 üben	21

Viele Einmaleinsaufgaben

Malreihen üben	22 – 23
Wie heißen die Planeten?	
Wie heißen die Städte?	24
Wie heißen die Tiere? Wie heißen die Blumen? .	25
Zahlen gesucht	26 – 27

Erkennen von Zusammenhängen

Sprünge auf dem Zahlenstrahl	28 – 29
Rechtecke und Quadrate	30 – 31
Malaufgaben auf dem Hunderterfeld	32 – 33

Zusammenhang mit der Division

Von Malaufgaben zu Divisionsaufgaben	34 – 36
Divisionsaufgaben	37
Rechenschlangen	38
Rechentabellen	39

Malaufgaben in Sachsituationen

Wie viele Möglichkeiten gibt es?	40
Malaufgaben mit Ziffernkarten	41
Malaufgaben in der Tierwelt	42
Malaufgaben mit Geld, Zeit und Längen	43
Welche Bilder und Geschichten passen?	44
Rechengeschichten	45 – 46
Ich kann die Einmaleinsaufgaben!	47 – 48

Einfache Malrechnungen

Schreibe zu jedem Bild eine Plusrechnung und eine Malrechnung.

1

2 + 2 + 2 + 2 = ___   ___ + ___ = ___   ___ + ___ + ___ = ___

4 · 2 = ___   ___ · ___ = ___   ___ · ___ = ___

  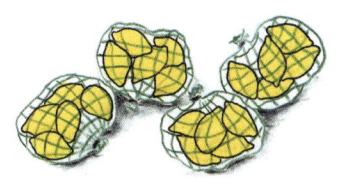

__ + __ + __ + __ + __ = __   ___ + ___ = ___   ___ + __ + __ + ___ = ___

__ · __ = __   ___ · ___ = ___   ___ · ___ = ___

2

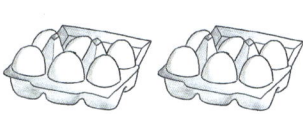  

___ + ___ = ___   ___ + ___ = ___   ___ + ___ + ___ = ___

___ · ___ = ___   ___ · ___ = ___   ___ · ___ = ___

 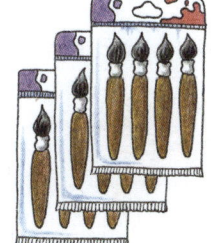 

__ + __ + __ + __ + __ = __   ___ + ___ + ___ = ___   ___ + __ + __ + ___ = ___

___ · ___ = ___   ___ · ___ = ___   ___ · ___ = ___

Malrechnungen erkennen

1

4 in einer Reihe

$3 \cdot 4 =$ ___

3 in einer Reihe

___ $\cdot$ ___ $=$ ___

5 in einer Reihe

___ $\cdot$ ___ $=$ ___

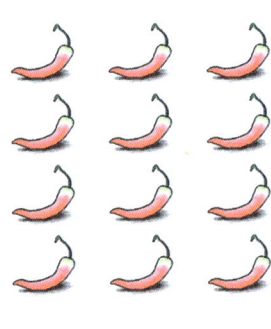

___ $\cdot$ ___ $=$ ___

___ $\cdot$ ___ $=$ ___

___ $\cdot$ ___ $=$ ___

2 Schreibe zu jeder Plusrechnung die Malrechnung.

$2 + 2 =$ ___

___ $\cdot$ ___ $=$ ___

$2 + 2 + 2 =$ ___

___ $\cdot$ ___ $=$ ___

$2 + 2 + 2 + 2 =$ ___

___ $\cdot$ ___ $=$ ___

$2 + 2 + 2 + 2 + 2 =$ ___

___ $\cdot$ ___ $=$ ___

$5 + 5 =$ ___

___ $\cdot$ ___ $=$ ___

$5 + 5 + 5 =$ ___

___ $\cdot$ ___ $=$ ___

$5 + 5 + 5 + 5 =$ ___

___ $\cdot$ ___ $=$ ___

$5 + 5 + 5 + 5 + 5 =$ ___

___ $\cdot$ ___ $=$ ___

$1 + 1 =$ ___

___ $\cdot$ ___ $=$ ___

$1 + 1 + 1 =$ ___

___ $\cdot$ ___ $=$ ___

$0 + 0 =$ ___

___ $\cdot$ ___ $=$ ___

$0 + 0 + 0 =$ ___

___ $\cdot$ ___ $=$ ___

3 Schreibe zu jeder Malrechnung die Plusrechnung.

$3 \cdot 4 =$ ___

_____ $=$ ___

$2 \cdot 6 =$ ___

_____ $=$ ___

$5 \cdot 3 =$ ___

_____ $=$ ___

$6 \cdot 2 =$ ___

_____ $=$ ___

$4 \cdot 1 =$ ___

_____ $=$ ___

$2 \cdot 7 =$ ___

_____ $=$ ___

$5 \cdot 0 =$ ___

_____ $=$ ___

$3 \cdot 5 =$ ___

_____ $=$ ___

$4 \cdot 3 =$ ___

_____ $=$ ___

1 3 mal 4 oder 4 mal 3? Das ist Ansichtssache!

2

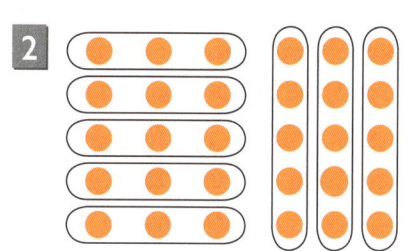 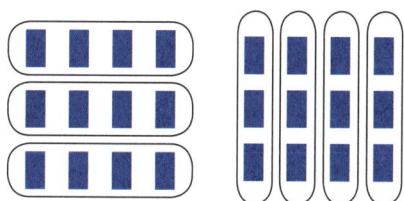 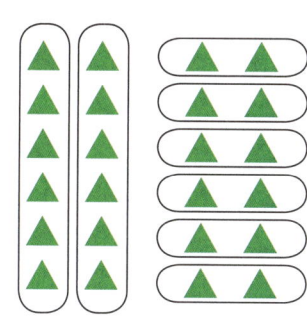

$5 \cdot 3 = 3 \cdot 5$ $\qquad$ $3 \cdot 4 = \underline{} \cdot \underline{}$ $\qquad$ $\underline{} \cdot \underline{} = \underline{} \cdot \underline{}$

3 Schreibe zu jedem Bild zwei Malrechnungen.

 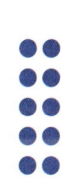   

$2 \cdot 4 =$ $\underline{}$ $\underline{}$ $\underline{}$ $\underline{}$

$4 \cdot 2 =$ $\underline{}$ $\underline{}$ $\underline{}$ $\underline{}$

4 Immer zwei Aufgaben gehören zusammen.

$4 \cdot 6 = \underline{\ }$	$9 + 9 = \underline{\ }$	$2 \cdot 8 = \underline{\ }$	$3 + 3 + 3 + 3 = \underline{\ }$

$2 + 2 + 2 + 2 + 2 + 2 + 2 + 2 = \underline{\ }$	$6 + 6 + 6 + 6 = \underline{\ }$	$8 \cdot 2 = \underline{\ }$

$7 + 7 + 7 = \underline{\ }$	$8 + 8 = \underline{\ }$	$3 \cdot 7 = \underline{\ }$	$2 \cdot 9 = \underline{\ }$	$4 \cdot 3 = \underline{\ }$

Zehner- und Einerreihe

1

2

$1 \cdot 10 = 10$

$2 \cdot 10 = 20$

$5 \cdot 10 = 50$

$10 \cdot 10 = 100$

Diese Aufgaben sind leicht zu merken!

3

$1 \cdot 10 = \_\_$	$5 \cdot 10 = \_\_$	$5 \cdot 10 = \_\_$
$2 \cdot 10 = \_\_$	$1 \cdot 10 = \_\_$	$2 \cdot 10 = \_\_$
$3 \cdot 10 = \_\_$	$6 \cdot 10 = \_\_$	$7 \cdot 10 = \_\_$
$5 \cdot 10 = \_\_$	$10 \cdot 10 = \_\_$	$10 \cdot 10 = \_\_$
$1 \cdot 10 = \_\_$	$1 \cdot 10 = \_\_$	$2 \cdot 10 = \_\_$
$4 \cdot 10 = \_\_$	$9 \cdot 10 = \_\_$	$8 \cdot 10 = \_\_$
$3 \cdot 10 = \_\_$	$4 \cdot 10 = \_\_$	$2 \cdot 10 = \_\_$
$6 \cdot 10 = \_\_$	$8 \cdot 10 = \_\_$	$4 \cdot 10 = \_\_$

$0 \cdot 10 = \_\_$

$1 \cdot 10 = \_\_$

$2 \cdot 10 = \_\_$

$3 \cdot 10 = \_\_$

$4 \cdot 10 = \_\_$

$5 \cdot 10 = \_\_$

$6 \cdot 10 = \_\_$

$7 \cdot 10 = \_\_$

$8 \cdot 10 = \_\_$

$9 \cdot 10 = \_\_$

$10 \cdot 10 = \_\_$

4

$50 = \boxed{} \cdot 10$	$10 = \boxed{} \cdot 10$	$90 = \boxed{} \cdot 10$	$100 = \boxed{} \cdot 10$
$40 = \boxed{} \cdot 10$	$70 = \boxed{} \cdot 10$	$0 = \boxed{} \cdot 10$	$10 = \boxed{} \cdot 10$
$80 = \boxed{} \cdot 10$	$30 = \boxed{} \cdot 10$	$20 = \boxed{} \cdot 10$	$60 = \boxed{} \cdot 10$

5

$1 \cdot 1 = \_\_$	$5 \cdot 1 = \_\_$	$0 \cdot 1 = \_\_$	$7 \cdot 1 = \_\_$
$2 \cdot 1 = \_\_$	$10 \cdot 1 = \_\_$	$6 \cdot 1 = \_\_$	$5 \cdot 1 = \_\_$
$3 \cdot 1 = \_\_$	$4 \cdot 1 = \_\_$	$9 \cdot 1 = \_\_$	$8 \cdot 1 = \_\_$

6

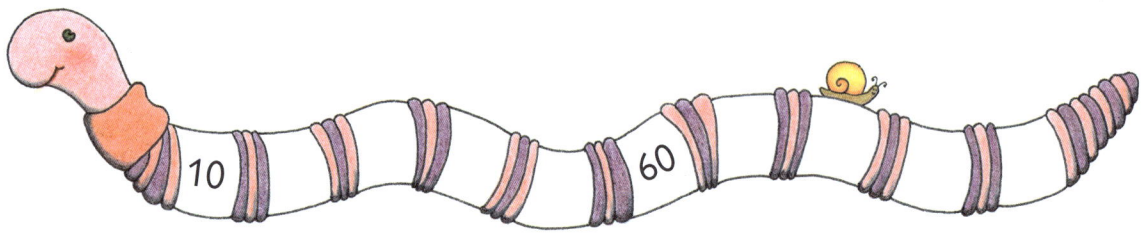

1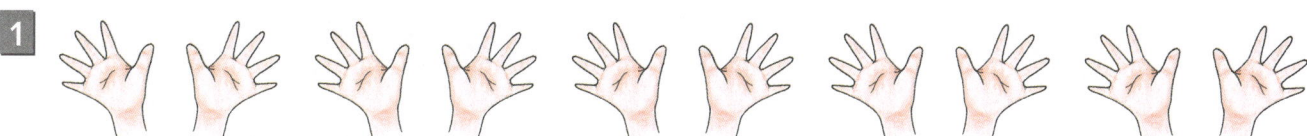

2

> Als Erstes merke ich
> mir diese Aufgaben

$$1 \cdot 5 = \ 5$$
$$2 \cdot 5 = 10$$
$$5 \cdot 5 = 25$$
$$10 \cdot 5 = 50$$

3

$0 \cdot 5 =$ ___	$1 \cdot 5 =$ ___	$5 \cdot 5 =$ ___	$5 \cdot 5 =$ ___
$1 \cdot 5 =$ ___	$2 \cdot 5 =$ ___	$1 \cdot 5 =$ ___	$2 \cdot 5 =$ ___
$2 \cdot 5 =$ ___	$3 \cdot 5 =$ ___	$6 \cdot 5 =$ ___	$7 \cdot 5 =$ ___
$3 \cdot 5 =$ ___			
$4 \cdot 5 =$ ___	$5 \cdot 5 =$ ___	$10 \cdot 5 =$ ___	$10 \cdot 5 =$ ___
$5 \cdot 5 =$ ___	$1 \cdot 5 =$ ___	$1 \cdot 5 =$ ___	$2 \cdot 5 =$ ___
$6 \cdot 5 =$ ___	$4 \cdot 5 =$ ___	$9 \cdot 5 =$ ___	$8 \cdot 5 =$ ___
$7 \cdot 5 =$ ___			
$8 \cdot 5 =$ ___	$2 \cdot 5 =$ ___	$4 \cdot 5 =$ ___	$3 \cdot 5 =$ ___
$9 \cdot 5 =$ ___	$4 \cdot 5 =$ ___	$8 \cdot 5 =$ ___	$6 \cdot 5 =$ ___
$10 \cdot 5 =$ ___			

4

$50 = \square \cdot 5$	$5 = \square \cdot 5$	$10 = \square \cdot 5$	$35 = \square \cdot 5$
$20 = \square \cdot 5$	$25 = \square \cdot 5$	$45 = \square \cdot 5$	$40 = \square \cdot 5$
$15 = \square \cdot 5$	$30 = \square \cdot 5$	$0 = \square \cdot 5$	$45 = \square \cdot 5$

5 Was fällt dir auf?

$10 = \square \cdot 10$ $20 = \square \cdot 10$ $30 = \square \cdot 10$ $40 = \square \cdot 10$ $50 = \square \cdot 10$

$10 = \square \cdot 5$ $20 = \square \cdot 5$ $30 = \square \cdot 5$ $40 = \square \cdot 5$ $50 = \square \cdot 5$

6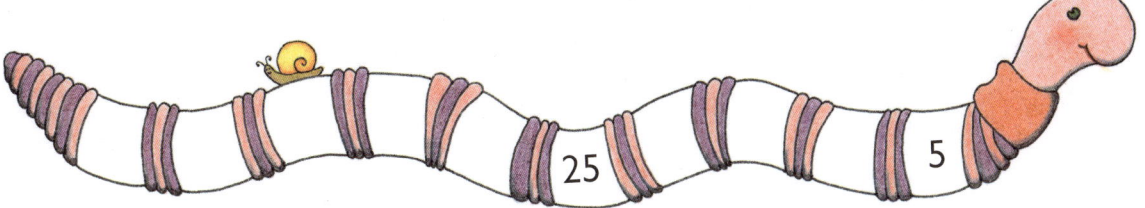

7

Zweierreihe

1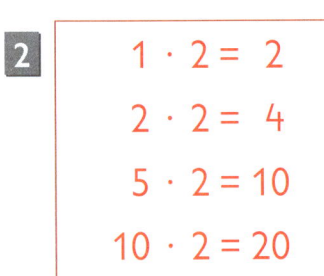

2
$$1 \cdot 2 = 2$$
$$2 \cdot 2 = 4$$
$$5 \cdot 2 = 10$$
$$10 \cdot 2 = 20$$

Schon gemerkt?

3

$1 \cdot 2 =$ ___	$5 \cdot 2 =$ ___	$5 \cdot 2 =$ ___	$0 \cdot 2 =$ ___
$2 \cdot 2 =$ ___	$1 \cdot 2 =$ ___	$2 \cdot 2 =$ ___	$1 \cdot 2 =$ ___
$3 \cdot 2 =$ ___	$6 \cdot 2 =$ ___	$7 \cdot 2 =$ ___	$2 \cdot 2 =$ ___
			$3 \cdot 2 =$ ___
$5 \cdot 2 =$ ___	$10 \cdot 2 =$ ___	$10 \cdot 2 =$ ___	$4 \cdot 2 =$ ___
$1 \cdot 2 =$ ___	$1 \cdot 2 =$ ___	$2 \cdot 2 =$ ___	$5 \cdot 2 =$ ___
$4 \cdot 2 =$ ___	$9 \cdot 2 =$ ___	$8 \cdot 2 =$ ___	$6 \cdot 2 =$ ___
			$7 \cdot 2 =$ ___
$2 \cdot 2 =$ ___	$4 \cdot 2 =$ ___	$3 \cdot 2 =$ ___	$8 \cdot 2 =$ ___
$4 \cdot 2 =$ ___	$8 \cdot 2 =$ ___	$6 \cdot 2 =$ ___	$9 \cdot 2 =$ ___
			$10 \cdot 2 =$ ___

4

$10 = \boxed{} \cdot 2$ $4 = \boxed{} \cdot 2$ $2 = \boxed{} \cdot 2$ $0 = \boxed{} \cdot 2$

$8 = \boxed{} \cdot 2$ $12 = \boxed{} \cdot 2$ $18 = \boxed{} \cdot 2$ $20 = \boxed{} \cdot 2$

$6 = \boxed{} \cdot 2$ $24 = \boxed{} \cdot 2$ $16 = \boxed{} \cdot 2$ $2 = \boxed{} \cdot 2$

5 Was fällt dir auf?

$10 = \boxed{} \cdot 2$ $10 = \boxed{} \cdot 10$ $20 = \boxed{} \cdot 10$ $20 = \boxed{} \cdot 5$ $0 = \boxed{} \cdot 10$

$10 = \boxed{} \cdot 5$ $10 = \boxed{} \cdot 1$ $20 = \boxed{} \cdot 2$ $0 = \boxed{} \cdot 1$ $0 = \boxed{} \cdot 2$

6

1

2

Ist ja ganz einfach!

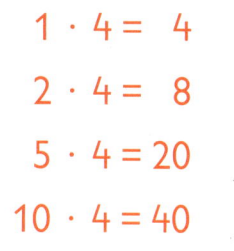

$1 \cdot 4 = 4$
$2 \cdot 4 = 8$
$5 \cdot 4 = 20$
$10 \cdot 4 = 40$

3

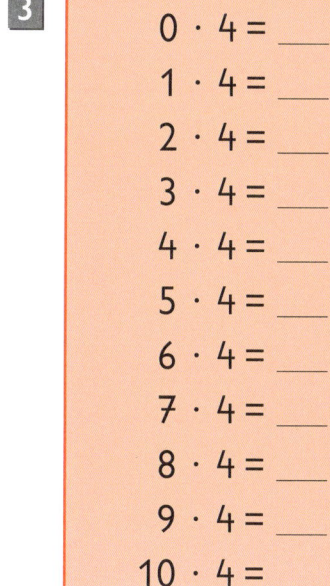

$0 \cdot 4 = \rule{1cm}{0.15mm}$
$1 \cdot 4 = \rule{1cm}{0.15mm}$
$2 \cdot 4 = \rule{1cm}{0.15mm}$
$3 \cdot 4 = \rule{1cm}{0.15mm}$
$4 \cdot 4 = \rule{1cm}{0.15mm}$
$5 \cdot 4 = \rule{1cm}{0.15mm}$
$6 \cdot 4 = \rule{1cm}{0.15mm}$
$7 \cdot 4 = \rule{1cm}{0.15mm}$
$8 \cdot 4 = \rule{1cm}{0.15mm}$
$9 \cdot 4 = \rule{1cm}{0.15mm}$
$10 \cdot 4 = \rule{1cm}{0.15mm}$

$1 \cdot 4 = \rule{1cm}{0.15mm}$
$2 \cdot 4 = \rule{1cm}{0.15mm}$
$3 \cdot 4 = \rule{1cm}{0.15mm}$

$5 \cdot 4 = \rule{1cm}{0.15mm}$
$1 \cdot 4 = \rule{1cm}{0.15mm}$
$4 \cdot 4 = \rule{1cm}{0.15mm}$

$2 \cdot 4 = \rule{1cm}{0.15mm}$
$4 \cdot 4 = \rule{1cm}{0.15mm}$

$5 \cdot 4 = \rule{1cm}{0.15mm}$
$1 \cdot 4 = \rule{1cm}{0.15mm}$
$6 \cdot 4 = \rule{1cm}{0.15mm}$

$10 \cdot 4 = \rule{1cm}{0.15mm}$
$1 \cdot 4 = \rule{1cm}{0.15mm}$
$9 \cdot 4 = \rule{1cm}{0.15mm}$

$4 \cdot 4 = \rule{1cm}{0.15mm}$
$8 \cdot 4 = \rule{1cm}{0.15mm}$

$5 \cdot 4 = \rule{1cm}{0.15mm}$
$2 \cdot 4 = \rule{1cm}{0.15mm}$
$7 \cdot 4 = \rule{1cm}{0.15mm}$

$10 \cdot 4 = \rule{1cm}{0.15mm}$
$2 \cdot 4 = \rule{1cm}{0.15mm}$
$8 \cdot 4 = \rule{1cm}{0.15mm}$

$3 \cdot 4 = \rule{1cm}{0.15mm}$
$6 \cdot 4 = \rule{1cm}{0.15mm}$

4

$12 = \square \cdot 4$ $\qquad$ $0 = \square \cdot 4$ $\qquad$ $4 = \square \cdot 4$ $\qquad$ $40 = \square \cdot 4$

$8 = \square \cdot 4$ $\qquad$ $24 = \square \cdot 4$ $\qquad$ $20 = \square \cdot 4$ $\qquad$ $36 = \square \cdot 4$

$16 = \square \cdot 4$ $\qquad$ $32 = \square \cdot 4$ $\qquad$ $28 = \square \cdot 4$ $\qquad$ $32 = \square \cdot 4$

5 Was fällt dir auf?

$8 = \square \cdot 2$ $\quad$ $12 = \square \cdot 2$ $\quad$ $16 = \square \cdot 2$ $\quad$ $20 = \square \cdot 2$ $\quad$ $4 = \square \cdot 2$

$8 = \square \cdot 4$ $\quad$ $12 = \square \cdot 4$ $\quad$ $16 = \square \cdot 4$ $\quad$ $20 = \square \cdot 4$ $\quad$ $4 = \square \cdot 4$

6

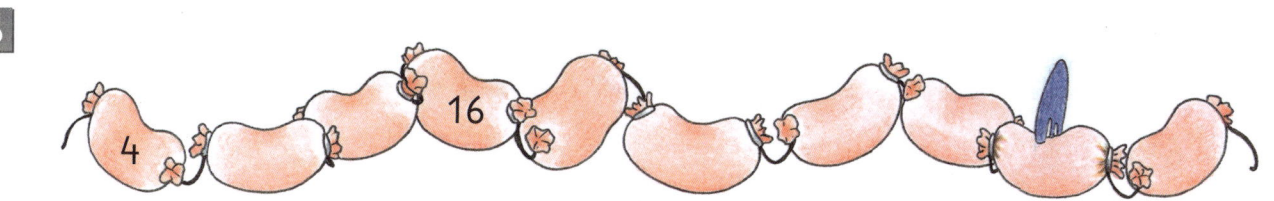

4 ... 16

Malreihen mit 1, 2, 4, 5 und 10 üben

1
2 · 2 = ___   2 · 4 = ___   2 · 5 = ___   2 · 1 = ___   2 · 10 = ___
4 · 2 = ___   4 · 4 = ___   4 · 5 = ___   4 · 1 = ___   4 · 10 = ___

2
10 · 2 = ___   10 · 5 = ___   10 · 4 = ___   10 · 10 = ___   10 · 4 = ___
5 · 2 = ___   5 · 5 = ___   5 · 4 = ___   5 · 10 = ___   5 · 4 = ___

3
10 · 4 = ___   10 · 2 = ___   10 · 1 = ___   10 · 5 = ___   10 · 10 = ___
9 · 4 = ___   9 · 2 = ___   9 · 1 = ___   9 · 5 = ___   9 · 10 = ___

4
5 · 5 = ___   5 · 10 = ___   5 · 4 = ___   5 · 2 = ___   5 · 1 = ___
2 · 5 = ___   2 · 10 = ___   2 · 4 = ___   2 · 2 = ___   2 · 1 = ___
7 · 5 = ___   7 · 10 = ___   7 · 4 = ___   7 · 2 = ___   7 · 1 = ___

5
3 · 4 = ___   3 · 2 = ___   3 · 5 = ___   3 · 1 = ___   3 · 10 = ___
6 · 4 = ___   6 · 2 = ___   6 · 5 = ___   6 · 1 = ___   6 · 10 = ___
4 · 4 = ___   4 · 2 = ___   4 · 5 = ___   4 · 1 = ___   4 · 10 = ___
8 · 4 = ___   8 · 2 = ___   8 · 5 = ___   8 · 1 = ___   8 · 10 = ___

6 Schreibe passende Einmaleinsaufgaben.

7
7 · 2 = ___   0 · 4 = ___   3 · 5 = ___   6 · 10 = ___
___ · 2 = 10   ___ · 4 = 12   ___ · 5 = 20   ___ · 10 = 10
4 · 2 = ___   6 · 4 = ___   7 · 5 = ___   5 · 10 = ___
___ · 2 = 16   ___ · 4 = 32   ___ · 5 = 25   ___ · 10 = 80
9 · 2 = ___   4 · 4 = ___   8 · 5 = ___   2 · 10 = ___
___ · 2 = 6   ___ · 4 = 36   ___ · 5 = 45   ___ · 10 = 70

Malreihen mit 1, 2, 4, 5 und 10 üben

1

·	2	4	10	5
3				
1				
2				

·	2	4	10	5
4				
2				
6				

·	2	4	10	5
7				
8				
9				

2 Welche Zahl gehört nicht zur Malreihe? Findest du sie?

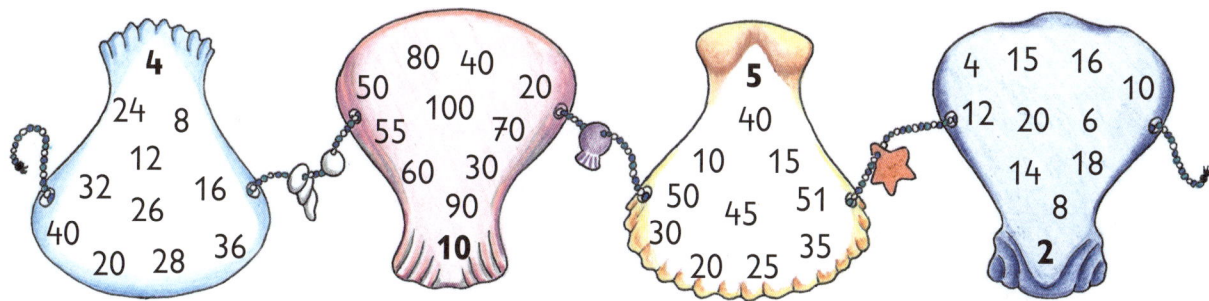

3

·	2	4
4		
		24

·		5
8	16	
3		

·	10	5
2		
		50

·	4	
7		
9		90

4

·	4	10
	40	
		30

·		
4		20
7	70	

·		
5	10	20
9		

·	4	5
		40
		30

5 Bilde immer aus drei Zahlen eine Einmaleinsaufgabe.

~~5~~	90		10	12
7	3	9	5	35
~~40~~	4	~~8~~		

4	5		9	5
4		6	9	
2	20	30	18	36

_8 · 5 = 40_

_____

_____

_____

_____

_____

_____

Dreierreihe

1

2

$$1 \cdot 3 = 3$$
$$2 \cdot 3 = 6$$
$$5 \cdot 3 = 15$$
$$10 \cdot 3 = 30$$

Diese Aufgaben merk ich mir!

3

$1 \cdot 3 = \underline{}$	$5 \cdot 3 = \underline{}$	$5 \cdot 3 = \underline{}$	$0 \cdot 3 = \underline{}$
$2 \cdot 3 = \underline{}$	$1 \cdot 3 = \underline{}$	$2 \cdot 3 = \underline{}$	$1 \cdot 3 = \underline{}$
$3 \cdot 3 = \underline{}$	$6 \cdot 3 = \underline{}$	$7 \cdot 3 = \underline{}$	$2 \cdot 3 = \underline{}$
			$3 \cdot 3 = \underline{}$
$5 \cdot 3 = \underline{}$	$10 \cdot 3 = \underline{}$	$10 \cdot 3 = \underline{}$	$4 \cdot 3 = \underline{}$
$1 \cdot 3 = \underline{}$	$1 \cdot 3 = \underline{}$	$2 \cdot 3 = \underline{}$	$5 \cdot 3 = \underline{}$
$4 \cdot 3 = \underline{}$	$9 \cdot 3 = \underline{}$	$8 \cdot 3 = \underline{}$	$6 \cdot 3 = \underline{}$
			$7 \cdot 3 = \underline{}$
$2 \cdot 3 = \underline{}$	$4 \cdot 3 = \underline{}$	$3 \cdot 3 = \underline{}$	$8 \cdot 3 = \underline{}$
$4 \cdot 3 = \underline{}$	$8 \cdot 3 = \underline{}$	$6 \cdot 3 = \underline{}$	$9 \cdot 3 = \underline{}$
			$10 \cdot 3 = \underline{}$

4

$12 = \square \cdot 3$	$3 = \square \cdot 3$	$15 = \square \cdot 3$	$21 = \square \cdot 3$
$9 = \square \cdot 3$	$18 = \square \cdot 3$	$0 = \square \cdot 3$	$30 = \square \cdot 3$
$6 = \square \cdot 3$	$21 = \square \cdot 3$	$24 = \square \cdot 3$	$27 = \square \cdot 3$

5 Was fällt dir auf?

$15 = \square \cdot 3$	$18 = \square \cdot 3$	$12 = \square \cdot 3$	$12 = \square \cdot 2$	$30 = \square \cdot 10$
$15 = \square \cdot 5$	$18 = \square \cdot 2$	$12 = \square \cdot 4$	$30 = \square \cdot 5$	$30 = \square \cdot 3$

6

12

1

2

Aufgepasst auf diese Aufgaben!

$1 \cdot 6 = \ 6$

$2 \cdot 6 = 12$

$5 \cdot 6 = 30$

$10 \cdot 6 = 60$

3

$0 \cdot 6 = \_\_\_$
$1 \cdot 6 = \_\_\_$
$2 \cdot 6 = \_\_\_$
$3 \cdot 6 = \_\_\_$
$4 \cdot 6 = \_\_\_$
$5 \cdot 6 = \_\_\_$
$6 \cdot 6 = \_\_\_$
$7 \cdot 6 = \_\_\_$
$8 \cdot 6 = \_\_\_$
$9 \cdot 6 = \_\_\_$
$10 \cdot 6 = \_\_\_$

$1 \cdot 6 = \_\_\_$
$2 \cdot 6 = \_\_\_$
$3 \cdot 6 = \_\_\_$

$5 \cdot 6 = \_\_\_$
$1 \cdot 6 = \_\_\_$
$4 \cdot 6 = \_\_\_$

$2 \cdot 6 = \_\_\_$
$4 \cdot 6 = \_\_\_$

$5 \cdot 6 = \_\_\_$
$1 \cdot 6 = \_\_\_$
$6 \cdot 6 = \_\_\_$

$10 \cdot 6 = \_\_\_$
$1 \cdot 6 = \_\_\_$
$9 \cdot 6 = \_\_\_$

$4 \cdot 6 = \_\_\_$
$8 \cdot 6 = \_\_\_$

$5 \cdot 6 = \_\_\_$
$2 \cdot 6 = \_\_\_$
$7 \cdot 6 = \_\_\_$

$10 \cdot 6 = \_\_\_$
$2 \cdot 6 = \_\_\_$
$8 \cdot 6 = \_\_\_$

$3 \cdot 6 = \_\_\_$
$6 \cdot 6 = \_\_\_$

4

$12 = \boxed{} \cdot 6$ $18 = \boxed{} \cdot 6$ $6 = \boxed{} \cdot 6$ $0 = \boxed{} \cdot 6$

$30 = \boxed{} \cdot 6$ $42 = \boxed{} \cdot 6$ $54 = \boxed{} \cdot 6$ $48 = \boxed{} \cdot 6$

$24 = \boxed{} \cdot 6$ $60 = \boxed{} \cdot 6$ $36 = \boxed{} \cdot 6$ $54 = \boxed{} \cdot 6$

5

$5 \cdot 6 = \_\_\_$ $1 \cdot 6 = \_\_\_$ $2 \cdot 6 = \_\_\_$ $4 \cdot 6 = \_\_\_$ $3 \cdot 6 = \_\_\_$

$10 \cdot 6 = \_\_\_$ $2 \cdot 6 = \_\_\_$ $4 \cdot 6 = \_\_\_$ $8 \cdot 6 = \_\_\_$ $6 \cdot 6 = \_\_\_$

6

12 ... 60

Malreihen mit 2, 3, 4, 5, 6 und 10 üben

1

2 · 3 = ___	2 · 6 = ___	2 · 5 = ___	2 · 2 = ___	2 · 4 = ___
4 · 3 = ___	4 · 6 = ___	4 · 5 = ___	4 · 2 = ___	4 · 4 = ___
8 · 3 = ___	8 · 6 = ___	8 · 5 = ___	8 · 2 = ___	8 · 4 = ___
3 · 3 = ___	3 · 6 = ___	3 · 5 = ___	3 · 2 = ___	3 · 4 = ___
6 · 3 = ___	6 · 6 = ___	6 · 5 = ___	6 · 2 = ___	6 · 4 = ___
5 · 3 = ___	5 · 6 = ___	5 · 5 = ___	5 · 2 = ___	5 · 4 = ___
10 · 3 = ___	10 · 6 = ___	10 · 5 = ___	10 · 2 = ___	10 · 4 = ___

2

10 · 4 = ___	10 · 2 = ___	10 · 6 = ___	10 · 3 = ___	10 · 5 = ___
1 · 4 = ___	1 · 2 = ___	1 · 6 = ___	1 · 3 = ___	1 · 5 = ___
9 · 4 = ___	9 · 2 = ___	9 · 6 = ___	9 · 3 = ___	9 · 5 = ___
8 · 4 = ___	8 · 2 = ___	8 · 6 = ___	8 · 3 = ___	8 · 5 = ___
7 · 4 = ___	7 · 2 = ___	7 · 6 = ___	7 · 3 = ___	7 · 5 = ___

3 Schreibe passende Einmaleinsaufgaben.

18 | 9 · 2 | 3 ·
24
12
36
6
30

4

7 · 3 = ___	8 · 4 = ___	7 · 2 = ___	8 · 6 = ___
___ · 3 = 18	___ · 4 = 16	___ · 2 = 0	___ · 6 = 60
6 · 2 = ___	7 · 5 = ___	8 · 3 = ___	3 · 10 = ___
___ · 2 = 16	___ · 5 = 45	___ · 3 = 27	___ · 10 = 20
9 · 6 = ___	4 · 10 = ___	5 · 4 = ___	6 · 5 = ___
___ · 6 = 42	___ · 10 = 80	___ · 4 = 28	___ · 5 = 5

5 Malwaben

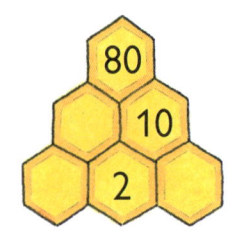

1 Fülle die Felder in den Tabellen aus.

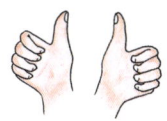

Kinder	2	5			4			9	8	7
Daumen	4		2	12		6	20			

Kugeln	9		18		21		27		6
Eisbecher	3	4		8	5		1		10	

Pferde	2		3		6		7			9
Hufe		40		16		32		20	4	

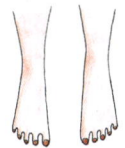

Zehen	15	5		10		30		45	35	
Füße			5		4		10			8

Käfer	2	5			3	4			7	9
Beine			6	60			36	48		

Äpfel	20			50	90	70			80	40
Säcke		1	10				3	6		

2 Größer >, kleiner < oder gleich =?

$6 \cdot 6$ ☐ 36 $8 \cdot 4$ ☐ 30 $2 \cdot 6$ ☐ $3 \cdot 4$ $9 \cdot 3$ ☐ $7 \cdot 4$

$7 \cdot 5$ ☐ 36 $5 \cdot 6$ ☐ 30 $3 \cdot 5$ ☐ $4 \cdot 4$ $6 \cdot 3$ ☐ $5 \cdot 4$

$9 \cdot 2$ ☐ 20 $9 \cdot 4$ ☐ 40 $10 \cdot 4$ ☐ $8 \cdot 5$ $5 \cdot 2$ ☐ $3 \cdot 3$

$7 \cdot 3$ ☐ 20 $7 \cdot 6$ ☐ 40 $5 \cdot 5$ ☐ $6 \cdot 4$ ___ $\cdot 10$ ☐ $9 \cdot 6$

3 Setze die Reihen fort.

Zweierreihe: 2 , 4 , ___ , ___ , ___ , ___ , ___ , ___ , ___ , ___

Viererreihe: 4 , ___ , ___ , ___ , ___ , ___ , ___ , ___ , ___

Dreierreihe: 3 , ___ , ___ , ___ , ___ , ___ , ___ , ___ , ___

Sechserreihe: 6 , ___ , ___ , ___ , ___ , ___ , ___ , ___ , ___

Achterreihe

1

2

$1 \cdot 8 = 8$

$2 \cdot 8 = 16$

$5 \cdot 8 = 40$

$10 \cdot 8 = 80$

Diese Aufgaben werde ich nicht vergessen!

3

$1 \cdot 8 =$ ___	$5 \cdot 8 =$ ___	$5 \cdot 8 =$ ___	$0 \cdot 8 =$ ___
$2 \cdot 8 =$ ___	$1 \cdot 8 =$ ___	$2 \cdot 8 =$ ___	$1 \cdot 8 =$ ___
$3 \cdot 8 =$ ___	$6 \cdot 8 =$ ___	$7 \cdot 8 =$ ___	$2 \cdot 8 =$ ___
			$3 \cdot 8 =$ ___
$5 \cdot 8 =$ ___	$10 \cdot 8 =$ ___	$10 \cdot 8 =$ ___	$4 \cdot 8 =$ ___
$1 \cdot 8 =$ ___	$1 \cdot 8 =$ ___	$2 \cdot 8 =$ ___	$5 \cdot 8 =$ ___
$4 \cdot 8 =$ ___	$9 \cdot 8 =$ ___	$8 \cdot 8 =$ ___	$6 \cdot 8 =$ ___
			$7 \cdot 8 =$ ___
$3 \cdot 8 =$ ___	$4 \cdot 8 =$ ___	$2 \cdot 8 =$ ___	$8 \cdot 8 =$ ___
$6 \cdot 8 =$ ___	$8 \cdot 8 =$ ___	$4 \cdot 8 =$ ___	$9 \cdot 8 =$ ___
			$10 \cdot 8 =$ ___

4

$40 = \boxed{} \cdot 8$ $64 = \boxed{} \cdot 8$ $32 = \boxed{} \cdot 8$ $72 = \boxed{} \cdot 8$

$16 = \boxed{} \cdot 8$ $8 = \boxed{} \cdot 8$ $56 = \boxed{} \cdot 8$ $64 = \boxed{} \cdot 8$

$80 = \boxed{} \cdot 8$ $24 = \boxed{} \cdot 8$ $48 = \boxed{} \cdot 8$ $0 = \boxed{} \cdot 8$

5 Was fällt dir auf?

$8 = \boxed{} \cdot 2$ $16 = \boxed{} \cdot 2$ $24 = \boxed{} \cdot 3$ $40 = \boxed{} \cdot 4$ $0 = \boxed{} \cdot 2$

$8 = \boxed{} \cdot 4$ $16 = \boxed{} \cdot 4$ $24 = \boxed{} \cdot 8$ $40 = \boxed{} \cdot 8$ $0 = \boxed{} \cdot 4$

$8 = \boxed{} \cdot 8$ $16 = \boxed{} \cdot 8$ $24 = \boxed{} \cdot 4$ $40 = \boxed{} \cdot 5$ $0 = \boxed{} \cdot 8$

6

8   16

1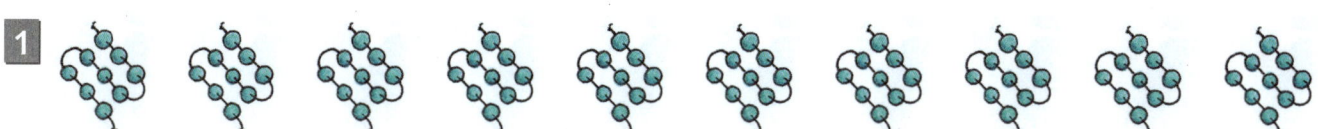

2

Da streng ich mich besonders an!

$$1 \cdot 9 = 9$$
$$2 \cdot 9 = 18$$
$$5 \cdot 9 = 45$$
$$10 \cdot 9 = 90$$

3

$0 \cdot 9 = $ ___	$1 \cdot 9 = $ ___	$5 \cdot 9 = $ ___	$5 \cdot 9 = $ ___
$1 \cdot 9 = $ ___	$2 \cdot 9 = $ ___	$1 \cdot 9 = $ ___	$2 \cdot 9 = $ ___
$2 \cdot 9 = $ ___	$3 \cdot 9 = $ ___	$6 \cdot 9 = $ ___	$7 \cdot 9 = $ ___
$3 \cdot 9 = $ ___			
$4 \cdot 9 = $ ___	$5 \cdot 9 = $ ___	$10 \cdot 9 = $ ___	$10 \cdot 9 = $ ___
$5 \cdot 9 = $ ___	$1 \cdot 9 = $ ___	$1 \cdot 9 = $ ___	$2 \cdot 9 = $ ___
$6 \cdot 9 = $ ___	$4 \cdot 9 = $ ___	$9 \cdot 9 = $ ___	$8 \cdot 9 = $ ___
$7 \cdot 9 = $ ___			
$8 \cdot 9 = $ ___	$2 \cdot 9 = $ ___	$4 \cdot 9 = $ ___	$3 \cdot 9 = $ ___
$9 \cdot 9 = $ ___	$4 \cdot 9 = $ ___	$8 \cdot 9 = $ ___	$6 \cdot 9 = $ ___
$10 \cdot 9 = $ ___			

4

$90 = \square \cdot 9$	$18 = \square \cdot 9$	$0 = \square \cdot 9$	$72 = \square \cdot 9$
$45 = \square \cdot 9$	$63 = \square \cdot 9$	$54 = \square \cdot 9$	$81 = \square \cdot 9$
$9 = \square \cdot 9$	$27 = \square \cdot 9$	$36 = \square \cdot 9$	$63 = \square \cdot 9$

5 Was fällt dir auf?

$18 = \square \cdot 3$	$9 = \square \cdot 3$	$36 = \square \cdot 9$	$45 = \square \cdot 9$	$27 = \square \cdot 3$
$18 = \square \cdot 6$	$9 = \square \cdot 9$	$36 = \square \cdot 6$	$45 = \square \cdot 5$	$54 = \square \cdot 6$
$18 = \square \cdot 9$	$9 = \square \cdot 1$	$36 = \square \cdot 4$	$27 = \square \cdot 9$	$54 = \square \cdot 9$

6

9 ... 90

Malreihen mit 3, 6 und 9 üben

1
10 · 3 = ___	10 · 6 = ___	10 · 9 = ___	5 · 9 = ___	5 · 6 = ___
9 · 3 = ___	9 · 6 = ___	9 · 9 = ___	2 · 9 = ___	2 · 6 = ___
8 · 3 = ___	8 · 6 = ___	8 · 9 = ___	7 · 9 = ___	7 · 6 = ___

2
3 · 3 = ___	2 · 3 = ___	6 · 3 = ___	4 · 6 = ___	4 · 9 = ___
1 · 9 = ___	1 · 6 = ___	3 · 6 = ___	8 · 3 = ___	8 · 9 = ___
6 · 3 = ___	4 · 3 = ___	2 · 9 = ___	6 · 9 = ___	5 · 9 = ___
2 · 9 = ___	2 · 6 = ___	9 · 3 = ___	3 · 9 = ___	10 · 9 = ___

3 Welche Zahl gehört nicht zur Malreihe? Findest du sie?

4
4 · 6 = ___	8 · 9 = ___	4 · 3 = ___	9 · 6 = ___
___ · 6 = 18	___ · 9 = 36	___ · 3 = 27	___ · 3 = 0
3 · 3 = ___	7 · 6 = ___	4 · 9 = ___	3 · 9 = ___
___ · 3 = 15	___ · 6 = 12	___ · 9 = 63	___ · 6 = 6
9 · 9 = ___	7 · 3 = ___	8 · 6 = ___	10 · 3 = ___
___ · 9 = 45	___ · 3 = 18	___ · 6 = 30	___ · 9 = 90

5 Welche Aufgaben und Blumen gehören zusammen?

4 · 6	2 · 6	10 · 3	3 · 6	9 · 6	5 · 6	6 · 6
6 · 9	4 · 9	4 · 3	1 · 9	8 · 3	2 · 9	3 · 3

1

10 · 4 = ___	10 · 8 = ___	10 · 2 = ___	5 · 8 = ___	5 · 4 = ___
9 · 4 = ___	9 · 8 = ___	9 · 2 = ___	2 · 8 = ___	2 · 4 = ___
8 · 4 = ___	8 · 8 = ___	8 · 2 = ___	7 · 8 = ___	7 · 4 = ___

2

2 · 4 = ___	5 · 4 = ___	2 · 2 = ___	6 · 8 = ___	4 · 8 = ___
1 · 8 = ___	10 · 2 = ___	1 · 4 = ___	3 · 8 = ___	8 · 8 = ___
6 · 4 = ___	5 · 8 = ___	8 · 2 = ___	9 · 2 = ___	5 · 8 = ___
3 · 8 = ___	10 · 4 = ___	4 · 4 = ___	9 · 4 = ___	10 · 8 = ___

3 Welche Zahl gehört nicht zur Malreihe? Findest du sie?

4

8 · 2 = ___	8 · 8 = ___	2 · 4 = ___	8 · 4 = ___
___ · 2 = 4	___ · 8 = 32	___ · 4 = 16	___ · 8 = 72
6 · 8 = ___	6 · 4 = ___	4 · 2 = ___	3 · 2 = ___
___ · 8 = 40	___ · 4 = 20	___ · 2 = 12	___ · 4 = 24
9 · 4 = ___	7 · 2 = ___	7 · 8 = ___	10 · 8 = ___
___ · 4 = 4	___ · 2 = 18	___ · 8 = 24	___ · 2 = 10

5 Welche Aufgaben und Blumen gehören zusammen?

5 · 4	4 · 4	4 · 2	3 · 8	3 · 4	1 · 8	10 · 4
6 · 2	10 · 2	8 · 4	2 · 8	5 · 8	4 · 8	6 · 4

Siebenerreihe

1

2
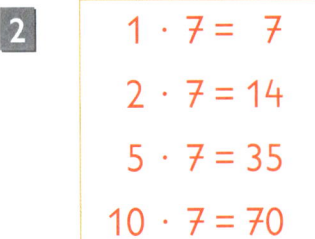

$1 \cdot 7 = 7$
$2 \cdot 7 = 14$
$5 \cdot 7 = 35$
$10 \cdot 7 = 70$

1 – 2 – 5 – 10!
Das sind die besonders
wichtigen Malaufgaben!

3

$1 \cdot 7 = \underline{\quad}$ $5 \cdot 7 = \underline{\quad}$ $5 \cdot 7 = \underline{\quad}$
$2 \cdot 7 = \underline{\quad}$ $1 \cdot 7 = \underline{\quad}$ $2 \cdot 7 = \underline{\quad}$
$3 \cdot 7 = \underline{\quad}$ $6 \cdot 7 = \underline{\quad}$ $7 \cdot 7 = \underline{\quad}$

$5 \cdot 7 = \underline{\quad}$ $10 \cdot 7 = \underline{\quad}$ $10 \cdot 7 = \underline{\quad}$
$1 \cdot 7 = \underline{\quad}$ $1 \cdot 7 = \underline{\quad}$ $2 \cdot 7 = \underline{\quad}$
$4 \cdot 7 = \underline{\quad}$ $9 \cdot 7 = \underline{\quad}$ $8 \cdot 7 = \underline{\quad}$

$3 \cdot 7 = \underline{\quad}$ $5 \cdot 7 = \underline{\quad}$ $2 \cdot 7 = \underline{\quad}$
$6 \cdot 7 = \underline{\quad}$ $10 \cdot 7 = \underline{\quad}$ $4 \cdot 7 = \underline{\quad}$

4

$0 \cdot 7 = \underline{\quad}$
$1 \cdot 7 = \underline{\quad}$
$2 \cdot 7 = \underline{\quad}$
$3 \cdot 7 = \underline{\quad}$
$4 \cdot 7 = \underline{\quad}$
$5 \cdot 7 = \underline{\quad}$
$6 \cdot 7 = \underline{\quad}$
$7 \cdot 7 = \underline{\quad}$
$8 \cdot 7 = \underline{\quad}$
$9 \cdot 7 = \underline{\quad}$
$10 \cdot 7 = \underline{\quad}$

5

$14 = \boxed{} \cdot 7$ $21 = \boxed{} \cdot 7$ $0 = \boxed{} \cdot 7$ $28 = \boxed{} \cdot 7$
$35 = \boxed{} \cdot 7$ $7 = \boxed{} \cdot 7$ $70 = \boxed{} \cdot 7$ $49 = \boxed{} \cdot 7$
$42 = \boxed{} \cdot 7$ $56 = \boxed{} \cdot 7$ $63 = \boxed{} \cdot 7$ $42 = \boxed{} \cdot 7$

6

$1 \cdot 7 = \underline{\quad}$ $2 \cdot 7 = \underline{\quad}$ $4 \cdot 7 = \underline{\quad}$ $5 \cdot 7 = \underline{\quad}$ $3 \cdot 7 = \underline{\quad}$
$2 \cdot 7 = \underline{\quad}$ $4 \cdot 7 = \underline{\quad}$ $8 \cdot 7 = \underline{\quad}$ $10 \cdot 7 = \underline{\quad}$ $6 \cdot 7 = \underline{\quad}$

7
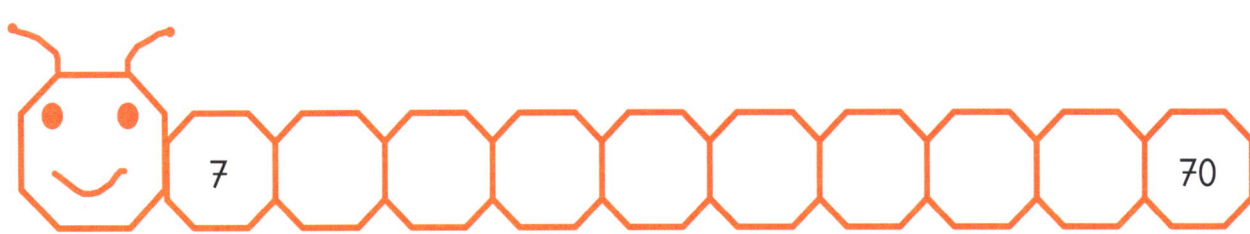

7 ... 70

1 Fülle die Felder in den Tabellen aus.

Käfer	2	4			8		9		6	3
Punkte	14		35	70		49		7		

Steine	21		56		42		28		63	
Armbänder		1		5		7		10		2

2

$3 \cdot 7 =$ ___ $\qquad$ $8 \cdot 7 =$ ___ $\qquad$ $9 \cdot 7 =$ ___ $\qquad$ $8 \cdot 7 =$ ___

___ $\cdot 7 = 14$ $\qquad$ ___ $\cdot 7 = 35$ $\qquad$ ___ $\cdot 7 = 7$ $\qquad$ ___ $\cdot 7 = 49$

$6 \cdot 7 =$ ___ $\qquad$ $0 \cdot 7 =$ ___ $\qquad$ $4 \cdot 7 =$ ___ $\qquad$ $3 \cdot 7 =$ ___

___ $\cdot 7 = 28$ $\qquad$ ___ $\cdot 7 = 70$ $\qquad$ ___ $\cdot 7 = 42$ $\qquad$ ___ $\cdot 7 = 63$

3 Kennzeichne jeweils die Zahl der Siebenerreihe.

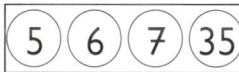

21		45	35		36		24	42		38		65	54		29
12	23		65		63	26		34		27	28		56		69	49

4 Immer 3 Zahlen bilden eine Einmaleinsaufgabe.
Welche Zahl passt nicht? Streiche sie durch.

(5) (6) (7) (35) $\qquad$ (7) (49) (8) (7) $\qquad$ (28) (5) (4) (7) $\qquad$ (6) (7) (56) (8)

(22) (7) (3) (21) $\qquad$ (46) (7) (42) (6) $\qquad$ (10) (1) (7) (70) $\qquad$ (9) (63) (7) (8)

5 Überlegen statt ausrechnen! Größer >, kleiner < oder gleich =?

$5 \cdot 6$ ☐ $5 \cdot 7$ $\qquad$ $4 \cdot 7$ ☐ 28 $\qquad$ $2 \cdot 7$ ☐ $7 \cdot 2$ $\qquad$ $8 \cdot 7$ ☐ 56

$8 \cdot 7$ ☐ $7 \cdot 8$ $\qquad$ $4 \cdot 7$ ☐ 30 $\qquad$ $6 \cdot 7$ ☐ $5 \cdot 7$ $\qquad$ $8 \cdot 7$ ☐ 50

$6 \cdot 7$ ☐ $7 \cdot 7$ $\qquad$ $4 \cdot 7$ ☐ 25 $\qquad$ $9 \cdot 8$ ☐ $9 \cdot 7$ $\qquad$ $8 \cdot 7$ ☐ 60

6

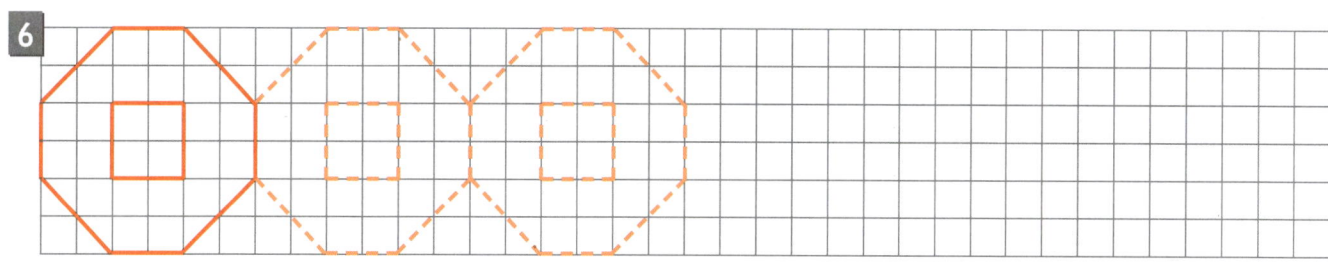

Malreihen üben

1

3 · 5 = ___	2 · 8 = ___	8 · 7 = ___	3 · 9 = ___	8 · 5 = ___
4 · 5 = ___	4 · 8 = ___	9 · 7 = ___	10 · 8 = ___	6 · 2 = ___
9 · 4 = ___	6 · 6 = ___	5 · 10 = ___	8 · 6 = ___	5 · 7 = ___
10 · 4 = ___	7 · 6 = ___	6 · 10 = ___	3 · 7 = ___	2 · 9 = ___
8 · 2 = ___	4 · 9 = ___	6 · 3 = ___	8 · 4 = ___	7 · 8 = ___
7 · 2 = ___	5 · 9 = ___	7 · 3 = ___	4 · 3 = ___	9 · 9 = ___

2

9 · 3 = ___	6 · 8 = ___	4 · 2 = ___	5 · 4 = ___
___ · 3 = 24	___ · 8 = 72	___ · 2 = 18	___ · 7 = 14
5 · 6 = ___	7 · 4 = ___	8 · 9 = ___	3 · 3 = ___
___ · 6 = 18	___ · 4 = 12	___ · 9 = 63	___ · 9 = 54
9 · 5 = ___	7 · 10 = ___	6 · 7 = ___	3 · 8 = ___
___ · 5 = 25	___ · 10 = 10	___ · 7 = 49	___ · 2 = 16

3 Richtig oder falsch?

2 · 7 = 14 ✓	3 · 2 = 6 ☐	2 · 5 = 10 ☐	6 · 7 = 42 ☐
5 · 3 = 16̸ 15	6 · 4 = 26 ☐	8 · 8 = 63 ☐	10 · 3 = 30 ☐
4 · 9 = 32 ☐	7 · 9 = 64 ☐	2 · 3 = 5 ☐	7 · 8 = 54 ☐
6 · 5 = 30 ☐	4 · 7 = 28 ☐	4 · 4 = 16 ☐	8 · 4 = 32 ☐
4 · 6 = 24 ☐	5 · 8 = 40 ☐	2 · 6 = 12 ☐	3 · 7 = 22 ☐
0 · 5 = 5 ☐	2 · 4 = 8 ☐	6 · 9 = 56 ☐	5 · 2 = 10 ☐

4 Male an: die Zahlen der 8er- und der 9er-Reihe rot, der 7er-Reihe blau und der 5er-Reihe gelb.

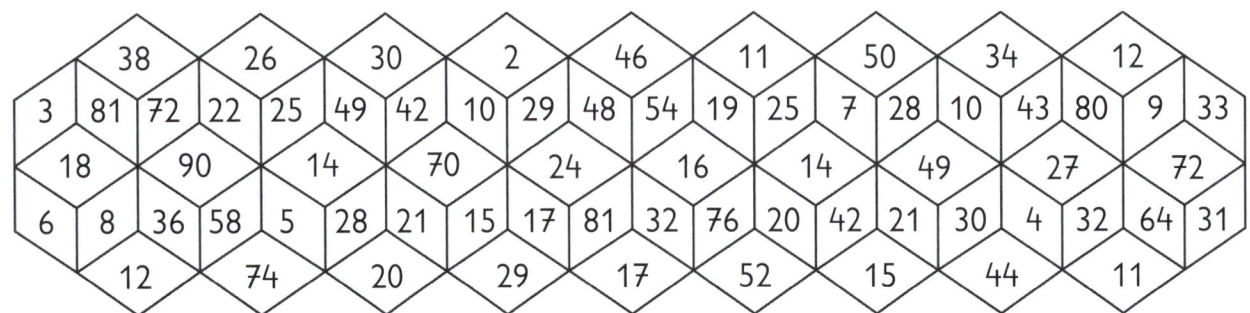

1

3 · 3 = ___	8 · 9 = ___	3 · 2 = ___	5 · 5 = ___	5 · 4 = ___
7 · 5 = ___	4 · 4 = ___	9 · 6 = ___	10 · 9 = ___	7 · 7 = ___
6 · 8 = ___	5 · 3 = ___	8 · 10 = ___	3 · 6 = ___	6 · 5 = ___
10 · 7 = ___	3 · 8 = ___	0 · 9 = ___	2 · 7 = ___	8 · 8 = ___
4 · 2 = ___	9 · 5 = ___	4 · 7 = ___	9 · 2 = ___	4 · 6 = ___
5 · 6 = ___	6 · 7 = ___	6 · 4 = ___	8 · 3 = ___	9 · 3 = ___

2

7 · 2 = ___	8 · 4 = ___	5 · 8 = ___	6 · 2 = ___
___ · 2 = 16	___ · 4 = 12	___ · 8 = 56	___ · 6 = 42
5 · 9 = ___	8 · 6 = ___	7 · 3 = ___	9 · 7 = ___
___ · 9 = 81	___ · 6 = 36	___ · 3 = 27	___ · 3 = 18
8 · 7 = ___	2 · 10 = ___	3 · 5 = ___	6 · 9 = ___
___ · 7 = 21	___ · 10 = 0	___ · 5 = 20	___ · 8 = 72

3 Größer >, kleiner < oder gleich =?

7 · 6 ☐ 8 · 5	6 · 4 ☐ 3 · 8	9 · 3 ☐ 7 · 4	6 · 3 ☐ 2 · 9
4 · 4 ☐ 2 · 8	7 · 7 ☐ 8 · 6	7 · 5 ☐ 4 · 8	7 · 7 ☐ 5 · 4
6 · 9 ☐ 8 · 7	8 · 8 ☐ 9 · 7	10 · 3 ☐ 6 · 5	9 · 4 ☐ 6 · 6

4

4 · _7_ < 30	6 · ___ > 25	7 · ___ < 14	8 · ___ < 2 · 9
4 · ___ > 20	6 · ___ < 25	7 · ___ > 35	8 · ___ > 6 · 5
4 · ___ > 30	6 · ___ > 45	7 · ___ = 14	8 · ___ < 7 · 7

5 Male an: die Zahlen der 6er-Reihe rot, der 4er-Reihe blau und der

7er-Reihe gelb.

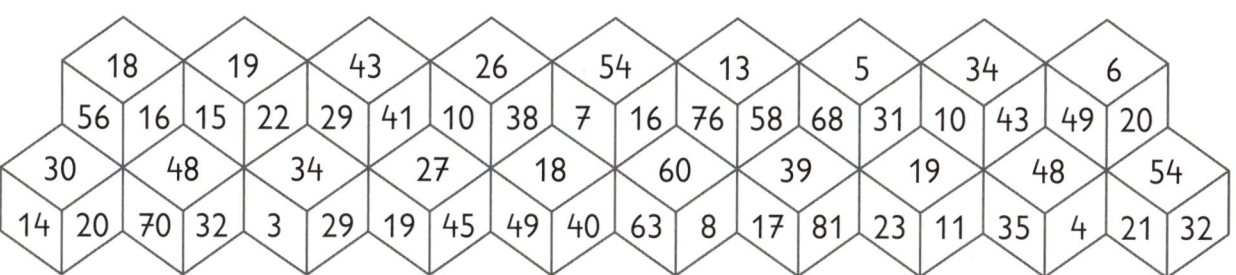

Wie heißen die Planeten? Wie heißen die Städte?

1

10 · 3 = ___	5 · 9 = ___	5 · 5 = ___	4 · 3 = ___
1 · 6 = ___	6 · 7 = ___	2 · 3 = ___	6 · 4 = ___
9 · 9 = ___	7 · 2 = ___	4 · 6 = ___	7 · 6 = ___
2 · 7 = ___	2 · 6 = ___	6 · 8 = ___	3 · 10 = ___
3 · 4 = ___	3 · 8 = ___	3 · 4 = ___	6 · 2 = ___
6 · 5 = ___	5 · 6 = ___	8 · 3 = ___	5 · 9 = ___

E	U	T	R	M	N	A	S	K	P
6	12	14	24	25	30	42	45	48	81

2

7 · 7 = ___	4 · 5 = ___	6 · 4 = ___	5 · 4 = ___
8 · 9 = ___	8 · 3 = ___	2 · 9 = ___	2 · 8 = ___
6 · 6 = ___	4 · 8 = ___	8 · 7 = ___	6 · 3 = ___
5 · 3 = ___	9 · 4 = ___	3 · 8 = ___	4 · 6 = ___
4 · 1 = ___	2 · 2 = ___	9 · 4 = ___	9 · 7 = ___
3 · 6 = ___	8 · 4 = ___	8 · 3 = ___	4 · 4 = ___

I	L	O	N	M	A	D	R	B	K	C	E
4	15	16	18	20	24	32	36	49	56	63	72

3

4 · 7 = ___	3 · 6 = ___	8 · 8 = ___	9 · 9 = ___
3 · 8 = ___	10 · 4 = ___	7 · 5 = ___	5 · 8 = ___
9 · 3 = ___	4 · 3 = ___	4 · 8 = ___	8 · 6 = ___
2 · 9 = ___	7 · 4 = ___	9 · 6 = ___	3 · 3 = ___
7 · 6 = ___	8 · 5 = ___	2 · 7 = ___	5 · 7 = ___
3 · 4 = ___	6 · 2 = ___	3 · 9 = ___	4 · 6 = ___

K	N	E	L	U	B	D	G	A	O	I	S	R	Z	M
9	12	14	18	24	27	28	32	35	40	42	48	54	64	81

Wie heißen die Tiere? Wie heißen die Blumen?

1

8 · 4 = ___	4 · 6 = ___	8 · 7 = ___	6 · 6 = ___
4 · 7 = ___	4 · 5 = ___	3 · 4 = ___	9 · 2 = ___
2 · 8 = ___	9 · 4 = ___	6 · 4 = ___	2 · 4 = ___
6 · 2 = ___	1 · 8 = ___	4 · 8 = ___	6 · 9 = ___
2 · 5 = ___	4 · 7 = ___	8 · 5 = ___	9 · 7 = ___
1 · 10 = ___	4 · 4 = ___	2 · 6 = ___	4 · 3 = ___
5 · 4 = ___	8 · 3 = ___	3 · 8 = ___	4 · 6 = ___

H	L	I	R	C	A	N	O	K
8	10	12	16	18	20	24	28	30

G	M	S	U	T	W	P	E
32	35	36	40	48	54	56	63

4 · 2 = ___	5 · 6 = ___
10 · 2 = ___	4 · 10 = ___
5 · 7 = ___	6 · 3 = ___
4 · 9 = ___	3 · 10 = ___
6 · 8 = ___	5 · 8 = ___
7 · 9 = ___	2 · 9 = ___
8 · 2 = ___	6 · 5 = ___

2

3 · 6 = ___	3 · 4 = ___	8 · 7 = ___	7 · 8 = ___
4 · 4 = ___	8 · 8 = ___	6 · 4 = ___	6 · 2 = ___
4 · 7 = ___	9 · 2 = ___	9 · 3 = ___	6 · 7 = ___
8 · 3 = ___	6 · 6 = ___	3 · 7 = ___	4 · 9 = ___
6 · 2 = ___	6 · 3 = ___	2 · 9 = ___	4 · 6 = ___
2 · 8 = ___	3 · 8 = ___	9 · 4 = ___	9 · 2 = ___

A	N	E	T	I	S	Z	L	H	D	K
12	16	18	21	24	27	28	36	42	56	64

Zahlen gesucht!

1 Findest du die Einmaleinszahlen?

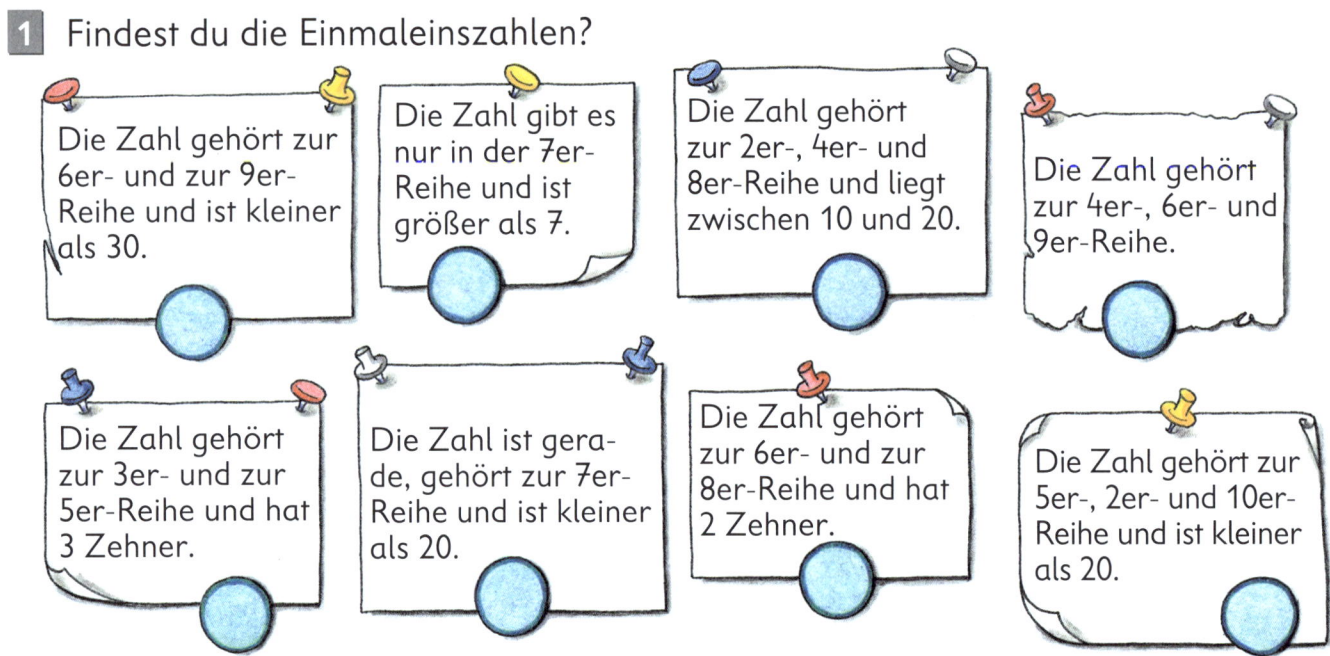

Die Zahl gehört zur 6er- und zur 9er-Reihe und ist kleiner als 30.

Die Zahl gibt es nur in der 7er-Reihe und ist größer als 7.

Die Zahl gehört zur 2er-, 4er- und 8er-Reihe und liegt zwischen 10 und 20.

Die Zahl gehört zur 4er-, 6er- und 9er-Reihe.

Die Zahl gehört zur 3er- und zur 5er-Reihe und hat 3 Zehner.

Die Zahl ist gerade, gehört zur 7er-Reihe und ist kleiner als 20.

Die Zahl gehört zur 6er- und zur 8er-Reihe und hat 2 Zehner.

Die Zahl gehört zur 5er-, 2er- und 10er-Reihe und ist kleiner als 20.

2 Male an: Zahlen der 5er-Reihe gelb, der 7er-Reihe orange, der 8er-Reihe blau und der 9er-Reihe grün.

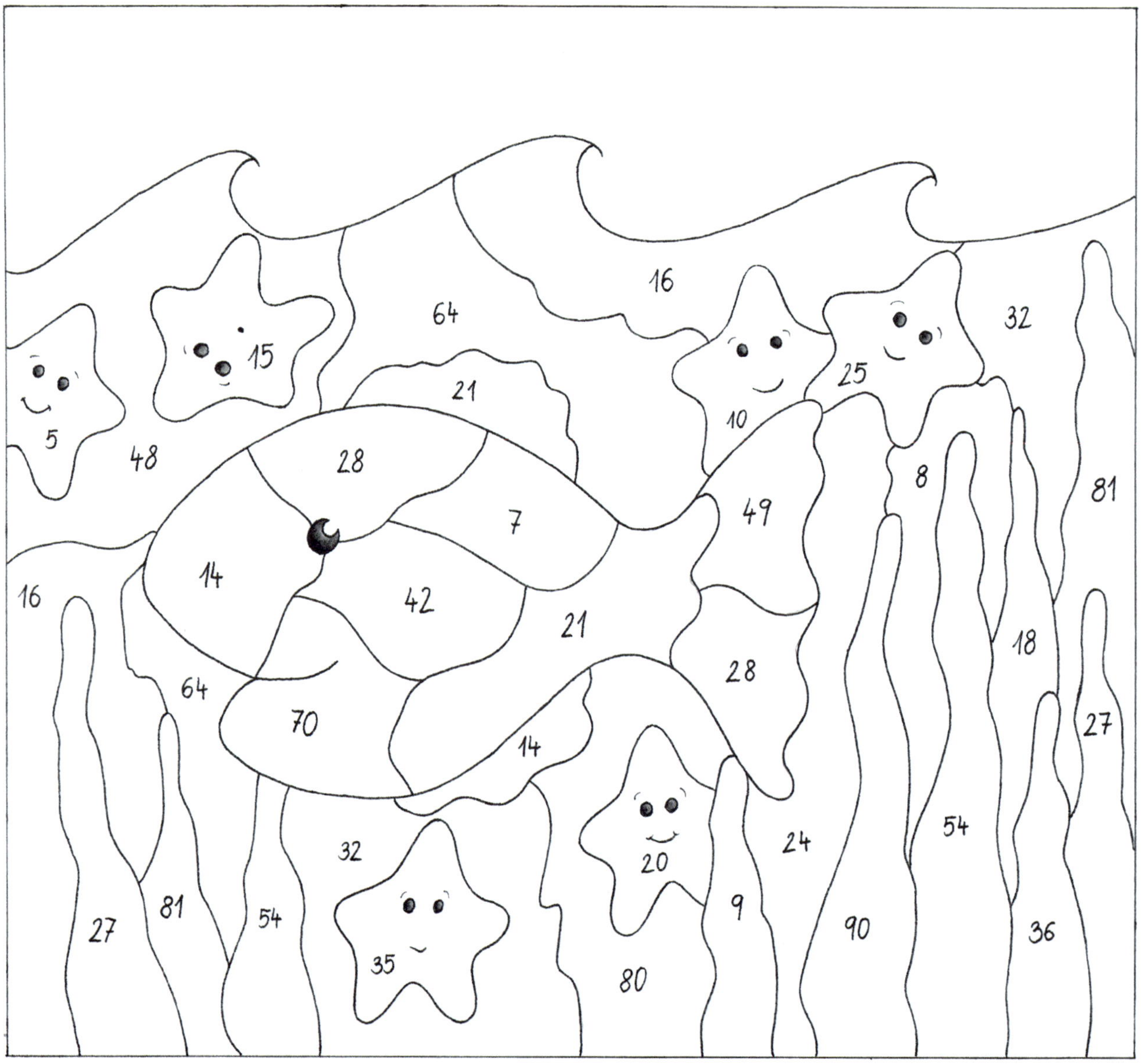

16 64 32 15 25 5 48 28 21 10 81 7 8 14 49 16 42 21 18 64 70 28 27 14 32 54 20 24 81 27 54 9 90 36 35 80

1 Ergänze die Einmaleinsreihen.

2 Schreibe passende Einmaleinsaufgaben.

3

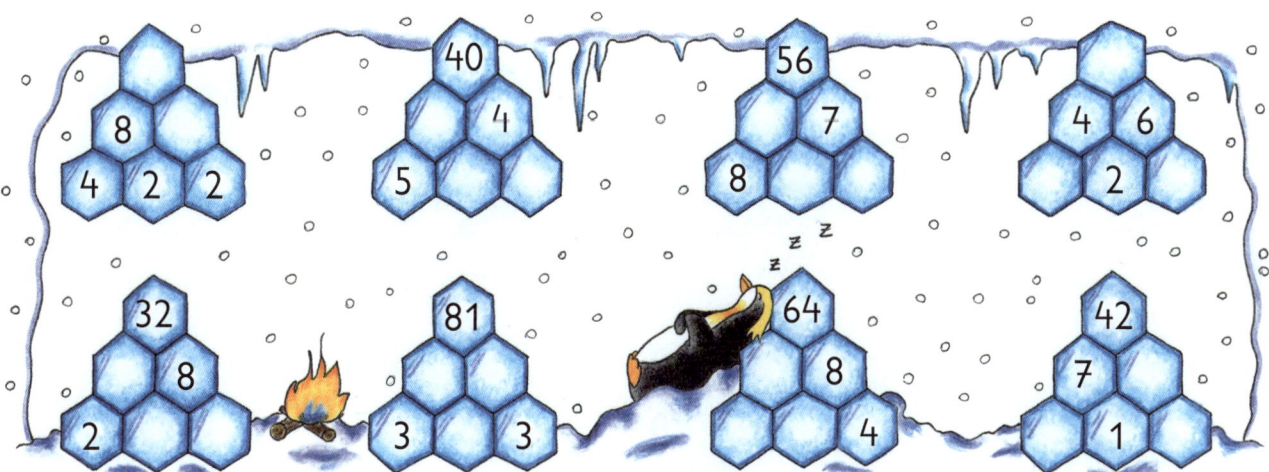

Sprünge auf dem Zahlenstrahl

1 Setze fort.

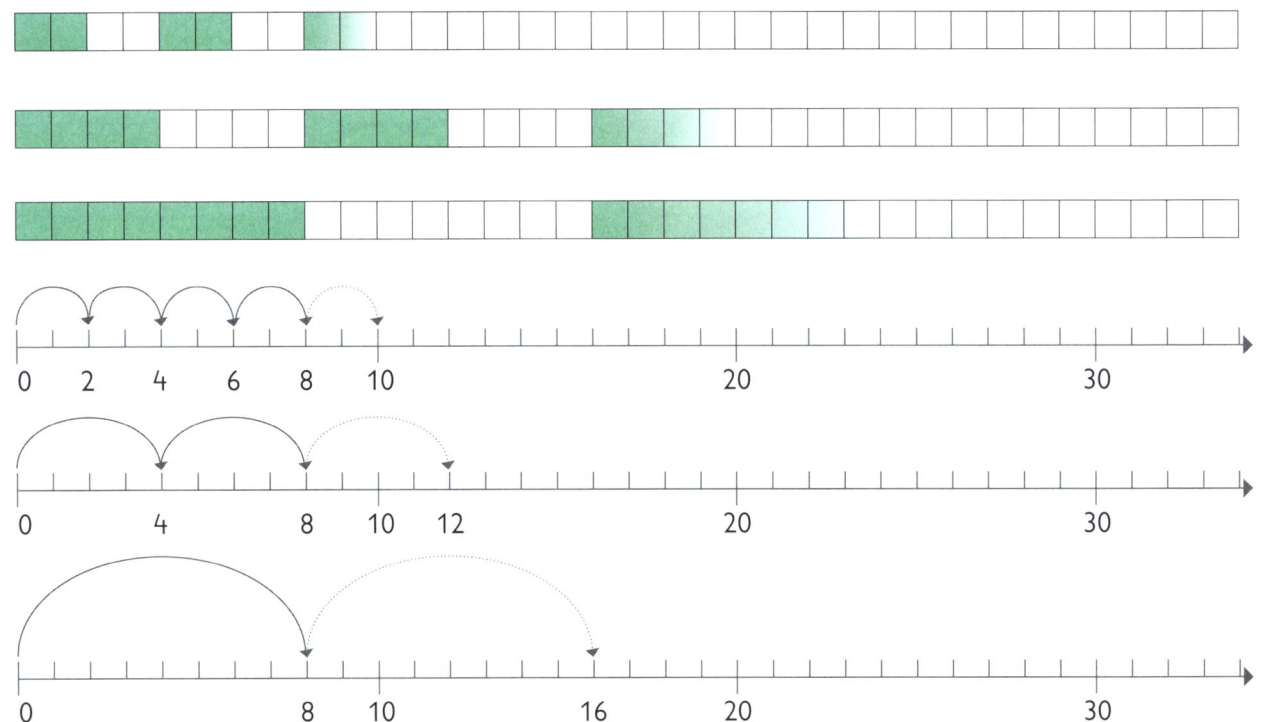

2

2 = ___ · 2	10 = ___ · 2	4 = ___ · 4	16 = ___ · 4	8 = ___ · 8
4 = ___ · 2	12 = ___ · 2	8 = ___ · 4	20 = ___ · 4	16 = ___ · 8
8 = ___ · 2	14 = ___ · 2	12 = ___ · 4	24 = ___ · 4	24 = ___ · 8

3 Setze fort.

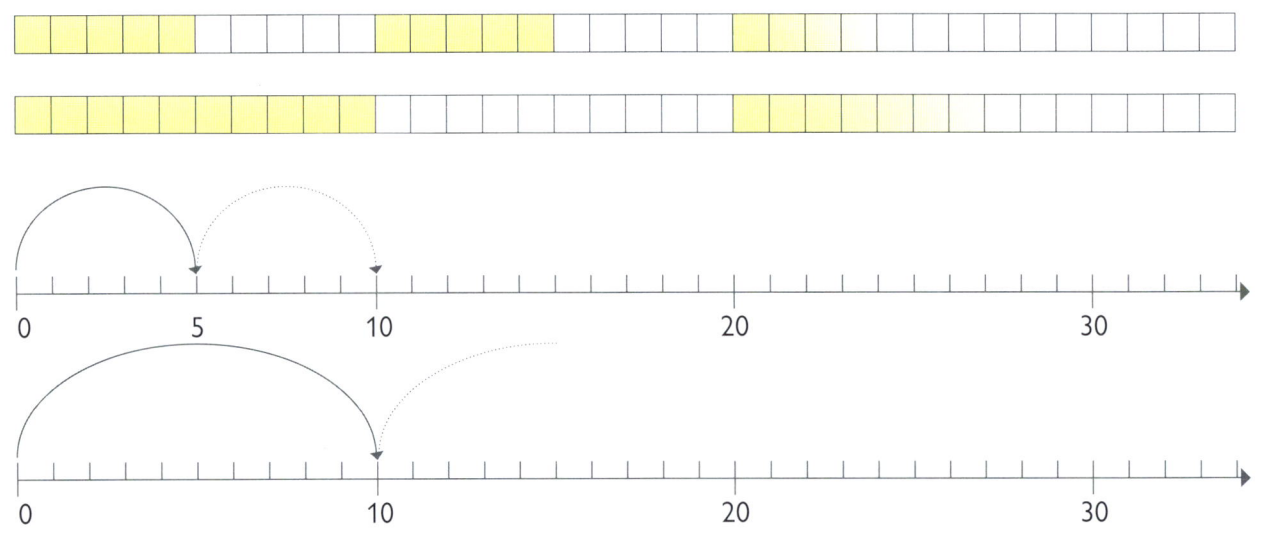

4

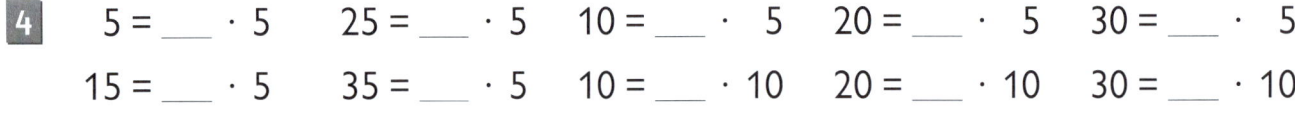

5 = ___ · 5	25 = ___ · 5	10 = ___ · 5	20 = ___ · 5	30 = ___ · 5
15 = ___ · 5	35 = ___ · 5	10 = ___ · 10	20 = ___ · 10	30 = ___ · 10

1 Setze fort.

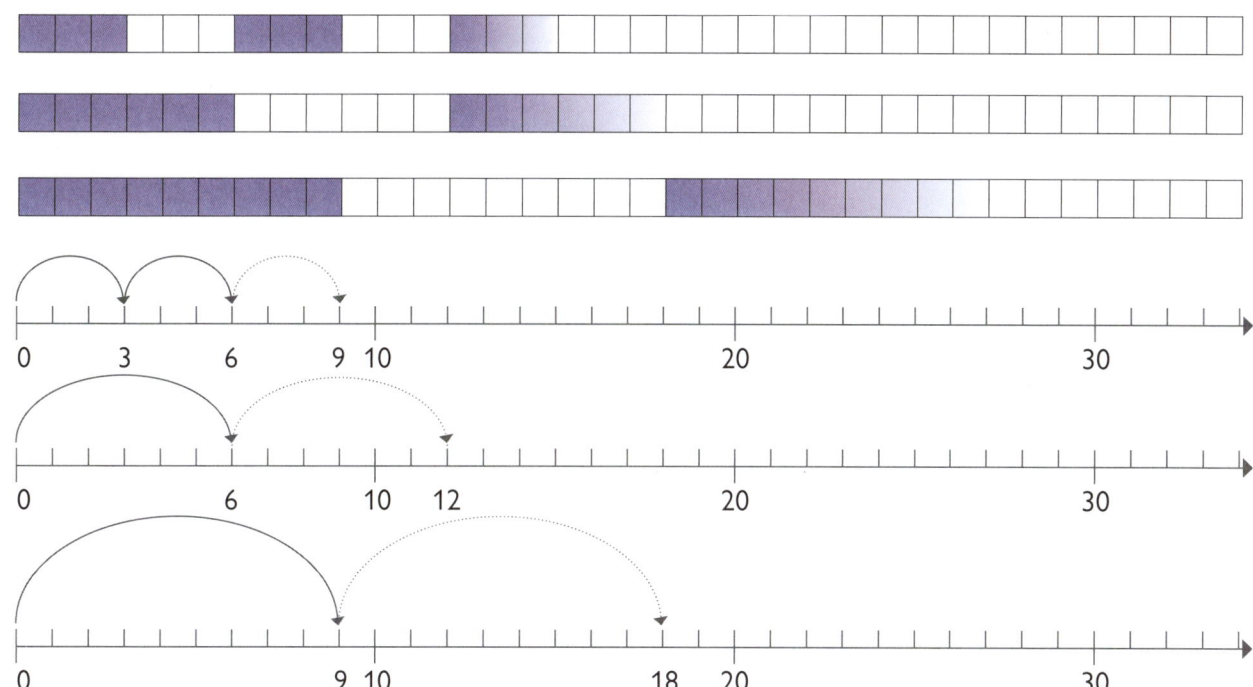

2
$3 = \underline{\quad} \cdot 3$ $\quad$ $15 = \underline{\quad} \cdot 3$ $\quad$ $6 = \underline{\quad} \cdot 6$ $\quad$ $24 = \underline{\quad} \cdot 6$ $\quad$ $9 = \underline{\quad} \cdot 9$

$9 = \underline{\quad} \cdot 3$ $\quad$ $18 = \underline{\quad} \cdot 3$ $\quad$ $12 = \underline{\quad} \cdot 6$ $\quad$ $30 = \underline{\quad} \cdot 6$ $\quad$ $18 = \underline{\quad} \cdot 9$

$12 = \underline{\quad} \cdot 3$ $\quad$ $24 = \underline{\quad} \cdot 3$ $\quad$ $18 = \underline{\quad} \cdot 6$ $\quad$ $36 = \underline{\quad} \cdot 6$ $\quad$ $36 = \underline{\quad} \cdot 9$

3 Setze fort.

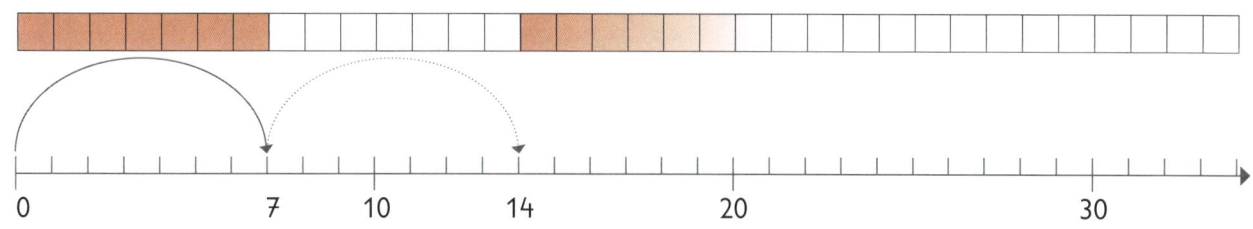

4
$7 = \underline{\quad} \cdot 7$ $\quad$ $21 = \underline{\quad} \cdot 7$ $\quad$ $35 = \underline{\quad} \cdot 7$ $\quad$ $28 = \underline{\quad} \cdot 7$ $\quad$ $56 = \underline{\quad} \cdot 7$

$14 = \underline{\quad} \cdot 7$ $\quad$ $42 = \underline{\quad} \cdot 7$ $\quad$ $70 = \underline{\quad} \cdot 7$ $\quad$ $49 = \underline{\quad} \cdot 7$ $\quad$ $63 = \underline{\quad} \cdot 7$

5 Welche Zahlen haben die Reihen gemeinsam?

Die 5er- und die 10er-Reihe: $\quad$ __, __, __, __, __

Die 4er- und die 8er-Reihe: $\quad$ __, __, __, __, __

Die 3er- und die 9er-Reihe: $\quad$ __, __, __

Die 2er-, 4er- und die 8er-Reihe: __, __

Welche gemeinsamen Einmaleinszahlen kennst du noch?

Rechtecke und Quadrate

1 Zeichne jeweils eine passende Einmaleinsaufgabe.

6 · 4   7 · 3   5 · 8   9 · 5   8 · 6

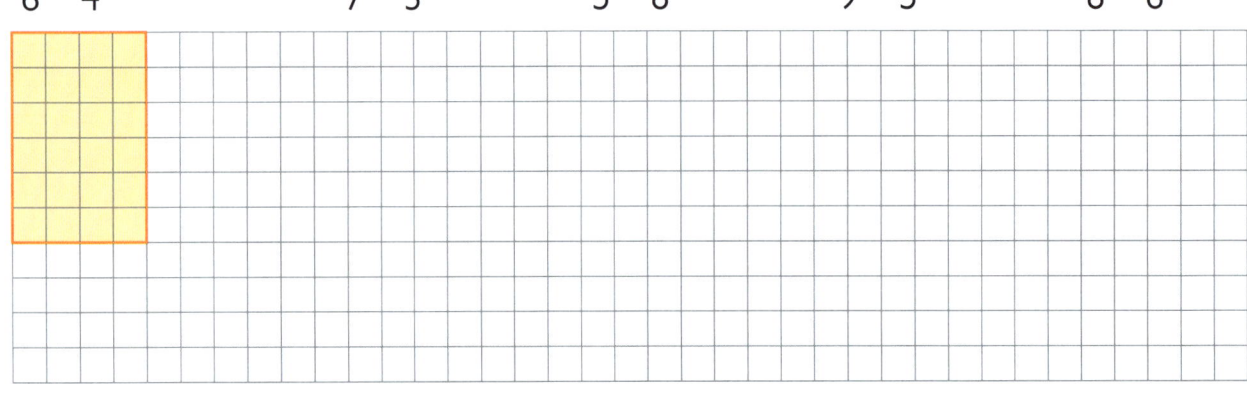

7 · 6   10 · 2   4 · 9   8 · 3   7 · 7

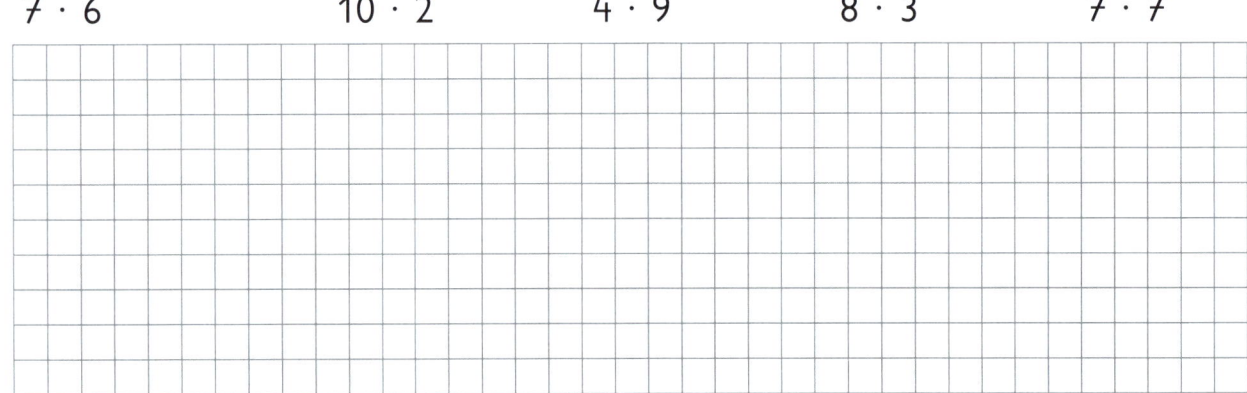

2 Schreibe jeweils eine passende Einmaleinsaufgabe.

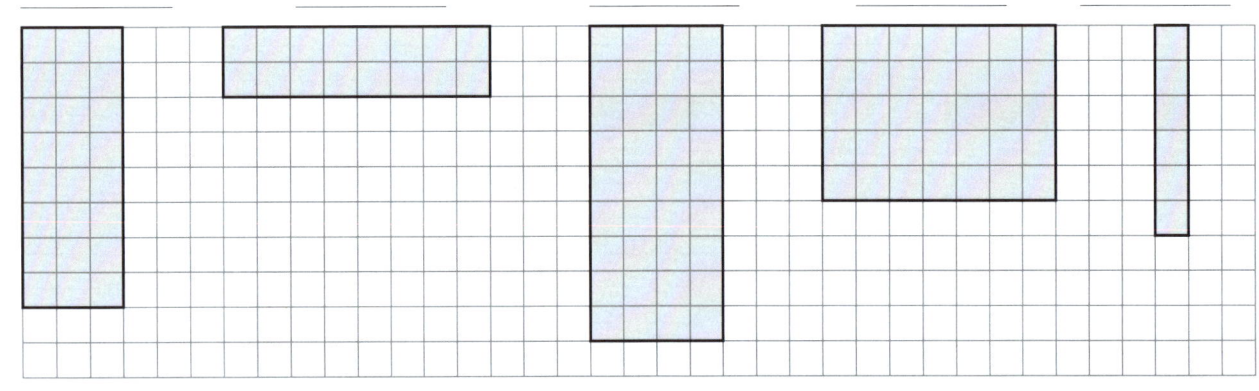

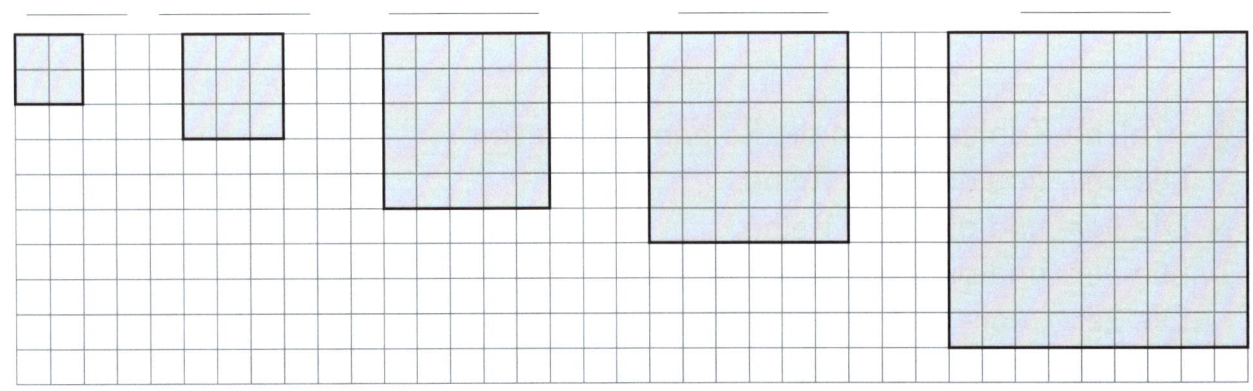

1 Die farbigen Felder zeigen viele Einmaleinsaufgaben. Schreibe sie auf.

2 · 5 = 10 _____ _____

_____ _____ _____

_____ _____ _____

_____ _____

2 Quadratzahlen

1 · 1	2 · 2	3 · 3	4 · 4	5 · 5	6 · 6
1	4	9	16	25	36

3 In jedem Wort hat sich eine Zahl versteckt.
Kreise sie ein und bilde die Quadratzahl.

Zehnerpack _____ 10 · 10 = 100 _____

Tannenzweig _____

Fahrradreifen _____

Lachtaube _____

Feinstaub _____

Siebenschläfer _____

Revierinspektor _____

neunerlei _____

Fünflinge _____

Malaufgaben auf dem Hunderterfeld

1 Schreibe Einmaleinsaufgaben zu den Punktebildern.

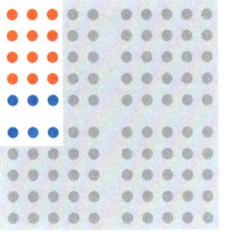 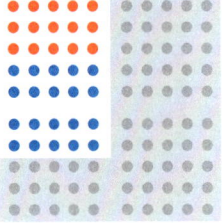 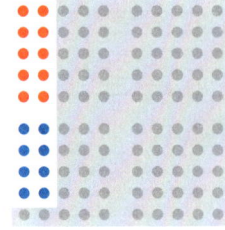 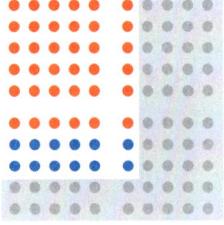

4 · 3 = ___	3 · 5 = ___	5 · 2 =	___ · ___ =
2 · 3 = ___	4 · 5 = ___	___ · ___ =	___ · ___ =
6 · 3 = ___	7 · 5 = ___	___ · ___ =	___ · ___ =

2

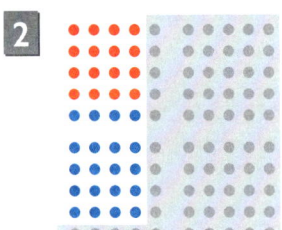 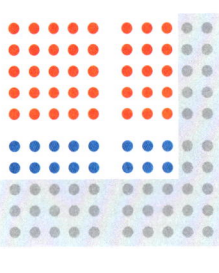 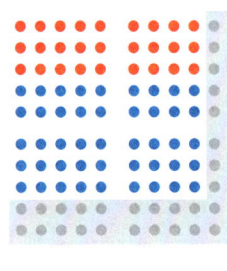 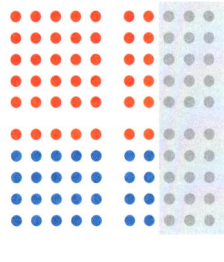

___ · ___ = ___	___ · ___ = ___	___ · ___ = ___	___ · ___ = ___
___ · ___ = ___	___ · ___ = ___	___ · ___ = ___	___ · ___ = ___
___ · ___ = ___	___ · ___ = ___	___ · ___ = ___	___ · ___ = ___

3

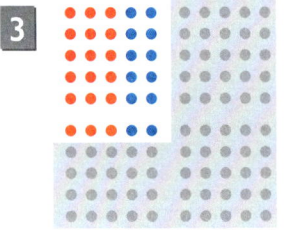 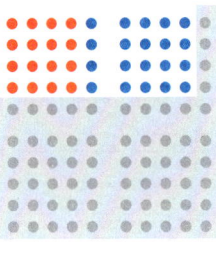 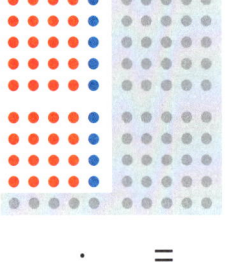

6 · 3 = ___	___ · ___ = ___	___ · ___ =	___ · ___ =
6 · 2 = ___	___ · ___ = ___	___ · ___ = ___	___ · ___ = ___
6 · 5 = ___	___ · ___ = ___	___ · ___ = ___	___ · ___ = ___

4

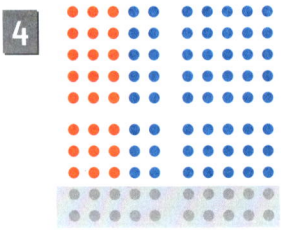 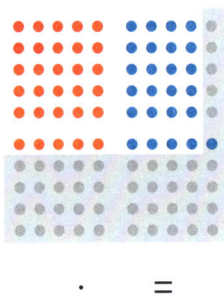 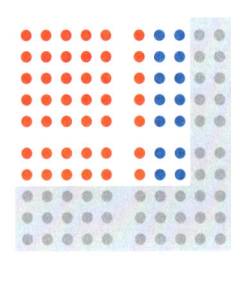

___ · ___ = ___	___ · ___ = ___	___ · ___ = ___	___ · ___ = ___
___ · ___ = ___	___ · ___ = ___	___ · ___ = ___	___ · ___ = ___
___ · ___ = ___	___ · ___ = ___	___ · ___ = ___	___ · ___ = ___

Malaufgaben auf dem Hunderterfeld

1 4 Einmaleinsaufgaben ergeben zusammen immer 100!

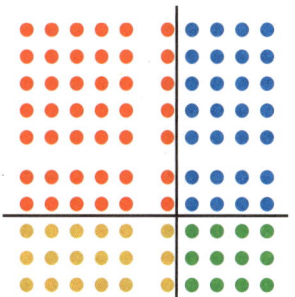

7 · 6	7 · 4	7 · 10
3 · 6	3 · 4	3 · 10
10 · 6	10 · 4	100

42	28	70
18	12	30
60	40	100

2 Trage die Ergebnisse der Einmaleinsaufgaben ein.
Addiere zeilenweise und spaltenweise.

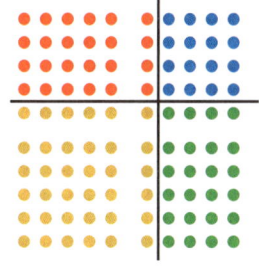

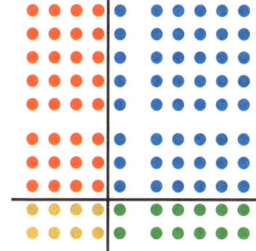
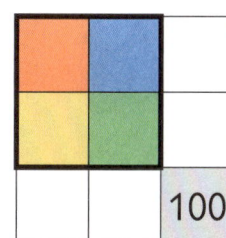

3
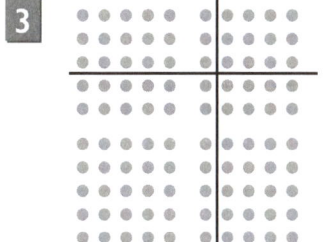

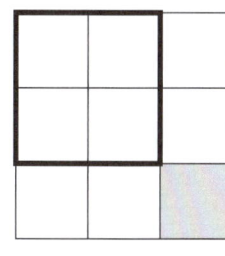

4
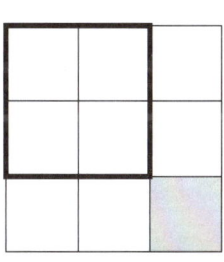

5
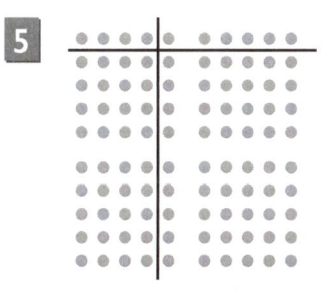

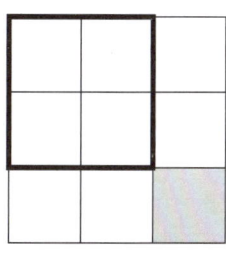

6
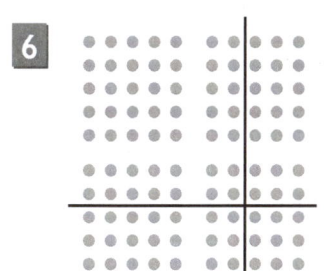
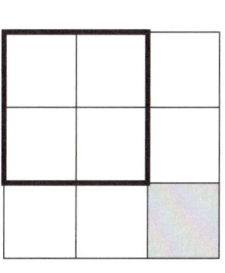
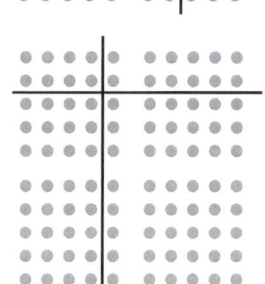

Von Malaufgaben zu Divisionsaufgaben

1

 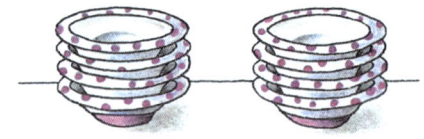 

3 · 2 = ___   2 · 4 = ___   2 · 8 = ___

6 : 2 = ___   8 : 4 = ___   ☐ : 8 = ___

2

4 · 2 = ___   3 · 4 = ___   ☐ · 8 = ___

☐ : 2 = ___   ☐ : 4 = ___   ☐ : 8 = ___

3

2 in 8 = ___ mal	2 in 12 = ___ mal	2 in 20 = ___ mal
2 in 10 = ___ mal	2 in 14 = ___ mal	2 in 18 = ___ mal
2 in 6 = ___ mal	2 in 4 = ___ mal	2 in 16 = ___ mal

4

4 in 8 = ___ mal	4 in 16 = ___ mal	4 in 28 = ___ mal
4 in 40 = ___ mal	4 in 24 = ___ mal	4 in 20 = ___ mal
4 in 4 = ___ mal	4 in 12 = ___ mal	4 in 32 = ___ mal

5

8 in 8 = ___ mal	8 in 24 = ___ mal	8 in 56 = ___ mal
8 in 80 = ___ mal	8 in 32 = ___ mal	8 in 48 = ___ mal
8 in 16 = ___ mal	8 in 64 = ___ mal	8 in 40 = ___ mal

6

12 : 2 = 6 , denn 6 · 2 = 12	14 : 2 = ___ , denn ___ · 2 = 14
10 : 2 = ___ , denn ___ · 2 = 10	18 : 2 = ___ , denn ___ · 2 = 18
12 : 4 = ___ , denn ___ · 4 = 12	28 : 4 = ___ , denn ___ · 4 = 28
20 : 4 = ___ , denn ___ · 4 = 20	36 : 4 = ___ , denn ___ · 4 = 36
16 : 8 = ___ , denn ___ · 8 = 16	32 : 8 = ___ , denn ___ · 8 = 32
40 : 8 = ___ , denn ___ · 8 = 40	48 : 8 = ___ , denn ___ · 8 = 48

1

3 · 3 = ___   4 · 6 = ___   3 · 9 = ___

9 : 3 = ___   ☐ : 6 = ___   ☐ : 9 = ___

2

☐ · 3 = ___   ☐ · 6 = ___   ☐ · 9 = ___

☐ : 3 = ___   ☐ : 6 = ___   ☐ : 9 = ___

3

3 in 6 = ___ mal   3 in 12 = ___ mal   3 in 9 = ___ mal

3 in 18 = ___ mal   3 in 15 = ___ mal   3 in 27 = ___ mal

3 in 24 = ___ mal   3 in 30 = ___ mal   3 in 21 = ___ mal

4

6 in 6 = ___ mal   6 in 36 = ___ mal   6 in 48 = ___ mal

6 in 60 = ___ mal   6 in 24 = ___ mal   6 in 54 = ___ mal

6 in 12 = ___ mal   6 in 30 = ___ mal   6 in 42 = ___ mal

5

9 in 18 = ___ mal   9 in 90 = ___ mal   9 in 81 = ___ mal

9 in 27 = ___ mal   9 in 45 = ___ mal   9 in 72 = ___ mal

9 in 36 = ___ mal   9 in 63 = ___ mal   9 in 54 = ___ mal

6

21 : 3 = 7 , denn 7 · 3 = 21   24 : 3 = ___ , denn ___ · 3 = 24

15 : 3 = ___ , denn ___ · 3 = 15   3 : 3 = ___ , denn ___ · 3 = 3

18 : 6 = ___ , denn ___ · 6 = 18   48 : 6 = ___ , denn ___ · 6 = 48

54 : 6 = ___ , denn ___ · 6 = 54   36 : 6 = ___ , denn ___ · 6 = 36

27 : 9 = ___ , denn ___ · 9 = 27   45 : 9 = ___ , denn ___ · 9 = 45

72 : 9 = ___ , denn ___ · 9 = 72   63 : 9 = ___ , denn ___ · 9 = 63

Von Malaufgaben zu Divisionsaufgaben

1

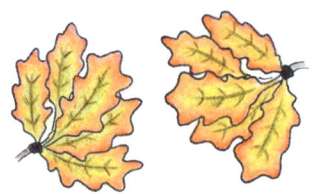  

2 · 5 = ___   3 · 10 = ___   3 · 7 = ___

10 : 2 = ___   ☐ : 10 = ___   ☐ : 7 = ___

2

☐ · 5 = ___   ☐ · 10 = ___   ☐ · 7 = ___

☐ : 5 = ___   ☐ : 10 = ___   ☐ : 7 = ___

3

5 in 20 = ___ mal   5 in 10 = ___ mal   5 in 45 = ___ mal

5 in 15 = ___ mal   5 in 35 = ___ mal   5 in 30 = ___ mal

5 in 25 = ___ mal   5 in 40 = ___ mal   5 in 50 = ___ mal

4

10 in 20 = ___ mal   10 in 10 = ___ mal   10 in 100 = ___ mal

10 in 50 = ___ mal   10 in 80 = ___ mal   10 in 60 = ___ mal

10 in 70 = ___ mal   10 in 30 = ___ mal   10 in 90 = ___ mal

5

7 in 14 = ___ mal   7 in 49 = ___ mal   7 in 63 = ___ mal

7 in 70 = ___ mal   7 in 28 = ___ mal   7 in 56 = ___ mal

7 in 21 = ___ mal   7 in 42 = ___ mal   7 in 35 = ___ mal

6

20 : 5 = 4 , denn 4 · 5 = 20   45 : 5 = ___ , denn ___ · 5 = 45

35 : 5 = ___ , denn ___ · 5 = 35   30 : 5 = ___ , denn ___ · 5 = 30

40 : 10 = ___ , denn ___ · 10 = 40   70 : 10 = ___ , denn ___ · 10 = 70

50 : 10 = ___ , denn ___ · 10 = 50   90 : 10 = ___ , denn ___ · 10 = 90

28 : 7 = ___ , denn ___ · 7 = 28   56 : 7 = ___ , denn ___ · 7 = 56

7 : 7 = ___ , denn ___ · 7 = 7   42 : 7 = ___ , denn ___ · 7 = 42

1

12 : 2 = ___	50 : 5 = ___	18 : 2 = ___	70 : 10 = ___
8 : 2 = ___	20 : 5 = ___	35 : 5 = ___	10 : 10 = ___
14 : 2 = ___	25 : 5 = ___	6 : 2 = ___	100 : 10 = ___
10 : 2 = ___	15 : 5 = ___	45 : 5 = ___	20 : 10 = ___

2

20 : 4 = ___	16 : 4 = ___	40 : 8 = ___	8 : 8 = ___
4 : 4 = ___	24 : 4 = ___	16 : 8 = ___	56 : 8 = ___
12 : 4 = ___	36 : 4 = ___	32 : 8 = ___	72 : 8 = ___
28 : 4 = ___	40 : 4 = ___	80 : 8 = ___	24 : 8 = ___

3

12 : 3 = ___	15 : 3 = ___	12 : 6 = ___	54 : 6 = ___
9 : 3 = ___	21 : 3 = ___	6 : 6 = ___	42 : 6 = ___
27 : 3 = ___	6 : 3 = ___	48 : 6 = ___	60 : 6 = ___
30 : 3 = ___	18 : 3 = ___	24 : 6 = ___	36 : 6 = ___

4

81 : 9 = ___	54 : 9 = ___	14 : 7 = ___	35 : 7 = ___
45 : 9 = ___	9 : 9 = ___	28 : 7 = ___	70 : 7 = ___
18 : 9 = ___	72 : 9 = ___	42 : 7 = ___	56 : 7 = ___
36 : 9 = ___	27 : 9 = ___	7 : 7 = ___	49 : 7 = ___

5

16 : 2 = ___	18 : 6 = ___	50 : 10 = ___	10 : 5 = ___
24 : 3 = ___	63 : 7 = ___	2 : 2 = ___	30 : 6 = ___
20 : 4 = ___	48 : 8 = ___	3 : 3 = ___	21 : 7 = ___
50 : 5 = ___	36 : 9 = ___	8 : 4 = ___	64 : 8 = ___

6 Immer drei Aufgaben haben dasselbe Ergebnis. Kennzeichne mit Farben!

35 : 7	72 : 9	9 : 3	54 : 9	21 : 3	40 : 10	⑥	⑤
63 : 9	12 : 2	40 : 8	16 : 2	20 : 4	15 : 5	④	⑧
32 : 8	48 : 6	28 : 4	27 : 9	36 : 6	24 : 6	⑦	③

Rechenschlangen

1

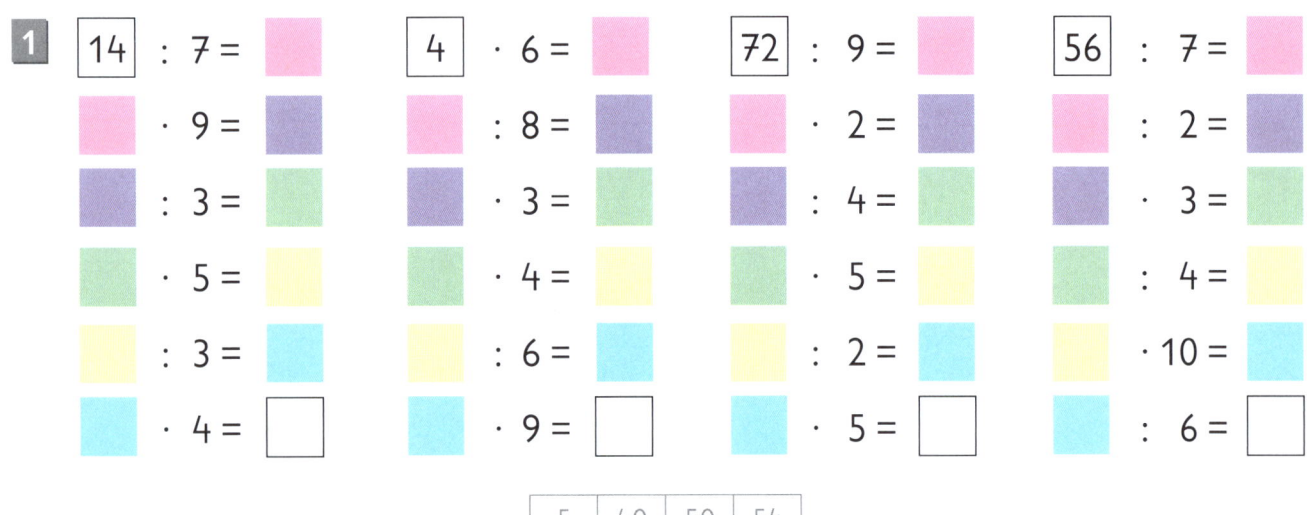

14 : 7 =		4 · 6 =		72 : 9 =		56 : 7 =	
· 9 =		: 8 =		· 2 =		: 2 =	
: 3 =		· 3 =		: 4 =		· 3 =	
· 5 =		· 4 =		· 5 =		: 4 =	
: 3 =		: 6 =		: 2 =		· 10 =	
· 4 = □		· 9 = □		· 5 = □		: 6 = □	

| 5 | 40 | 50 | 54 |

2

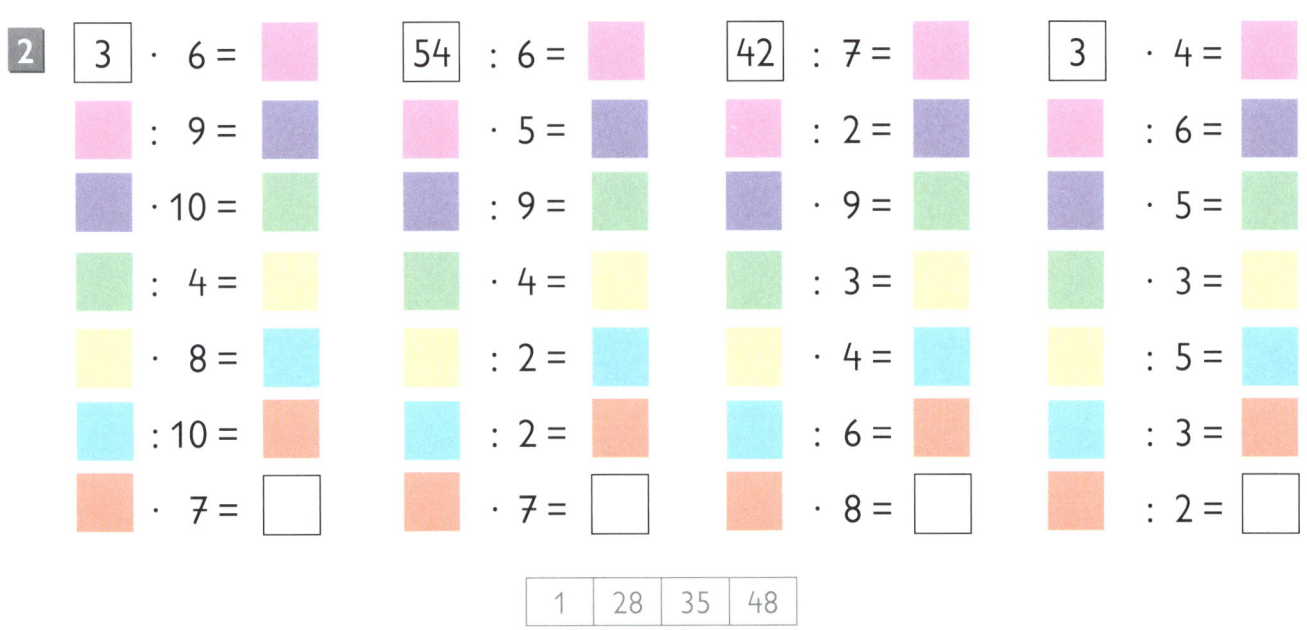

3 · 6 =		54 : 6 =		42 : 7 =		3 · 4 =	
: 9 =		· 5 =		: 2 =		: 6 =	
· 10 =		: 9 =		· 9 =		· 5 =	
: 4 =		· 4 =		: 3 =		· 3 =	
· 8 =		: 2 =		· 4 =		: 5 =	
: 10 =		: 2 =		: 6 =		: 3 =	
· 7 = □		· 7 = □		· 8 = □		: 2 = □	

| 1 | 28 | 35 | 48 |

3

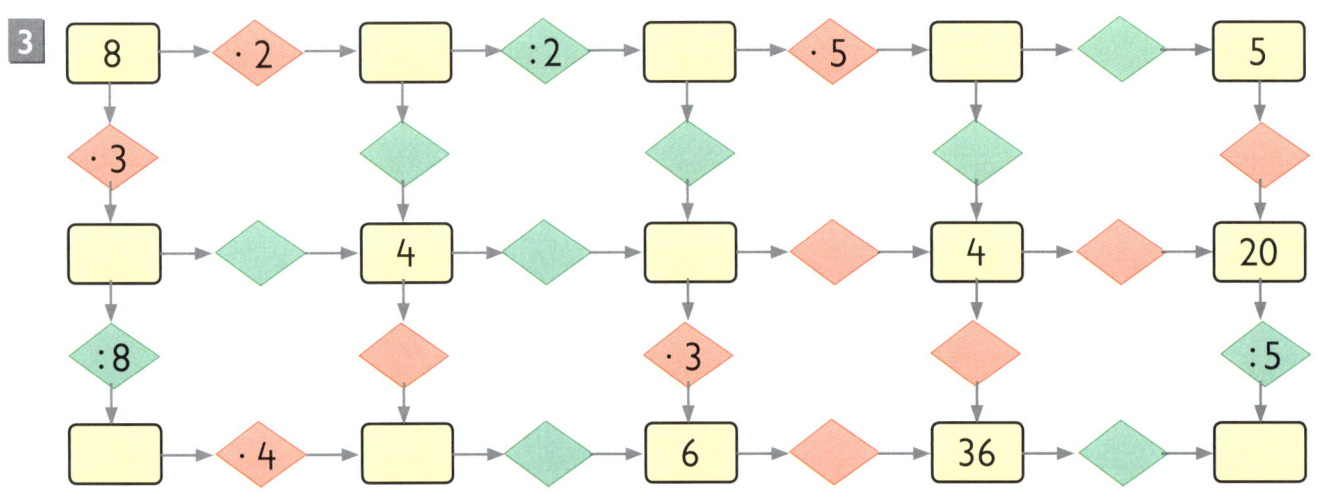

38

1

·	4	2	8
5	20	10	40
7	28	14	
3			

·	6	3	7
4			
8			
6			

2

·	3	5	6	9
2				
9				
10				

·	4	8	10	2
3				
8				
6				

·	5	7	9	10
7				
5				
9				

3

:	2	5
10		
20		

:	3	4
12		
24		

:	6	9
18		
36		

:	4	8
16		
40		

4

·	3	
7		35
	12	

·		5
9	9	
6		

·		
8	56	72
4		

·		7
7	42	
		21

5

·	9	
6		12
		6

:	3	
	6	
12		2

·		10
3	24	
		0

:		8
16	4	
		3

6 Welche Ergebnisse sind falsch?

·	6	9
5	30	45
7	42	64

:	3	6
30	10	5
6	3	1

·	7	9
8	56	64
4	28	32

:	4	8
8	2	1
32	9	4

Wie viele Möglichkeiten gibt es?

1 Fridolin hat 4 T-Shirts und 2 kurze Hosen.

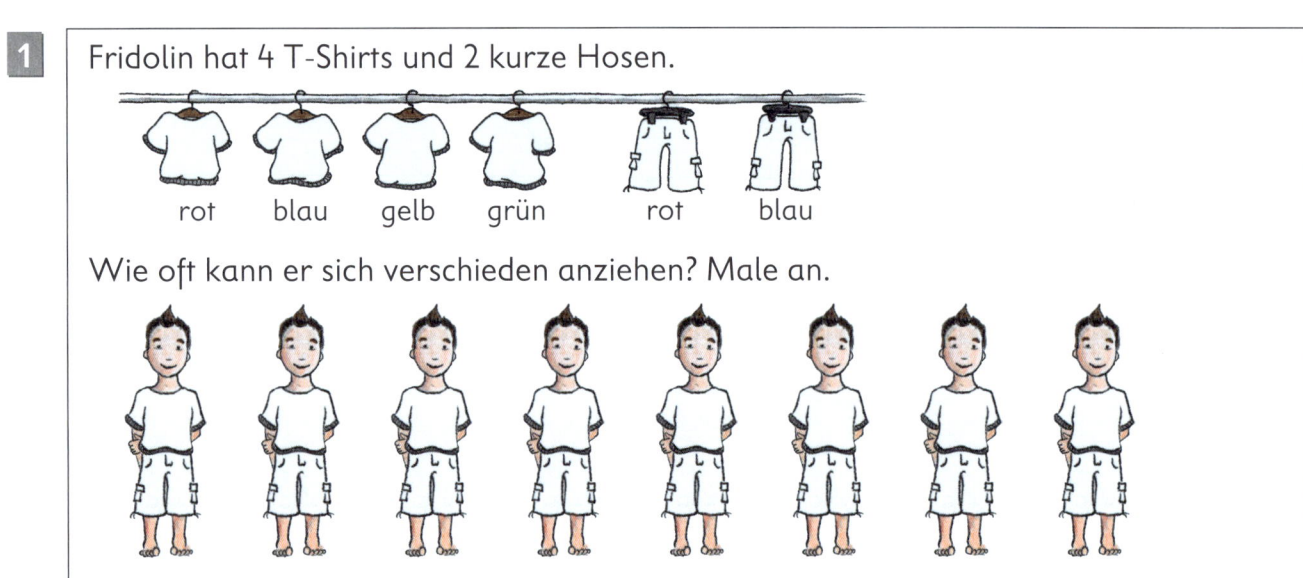

Wie oft kann er sich verschieden anziehen? Male an.

Überlege zu dieser Aufgabe eine passende Rechnung.

---

2 Kerstin überlegt, was sie anziehen soll. Wie viele Möglichkeiten hat sie, wenn sie 1 Hose, 1 T-Shirt und 1 Paar Schuhe wählt?

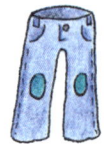 

Hosen

T-Shirts

Schuhe

Welche Rechnung passt? $2 + 3 + 2 =$ $2 \cdot 3 \cdot 2 =$

---

3 Von Kirchberg nach Grünau gibt es 2 Wege, von Grünau nach Eberstein jedoch 3.
Auf wie viele verschiedene Arten kann man von Kirchberg nach Eberstein gehen?
Überlege eine passende Rechnung.

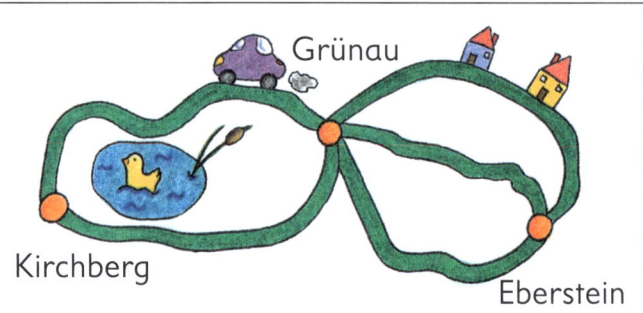

---

4 Sofie hat 3 Zugmaschinen und 4 Anhänger. Wie viele verschiedene Lastzüge kann sie zusammenstellen?

Gib eine passende Rechnung an.

1

2 Zahlen – 2 Aufgaben

| 3 | 4 | | 6 | 2 |

3 · 4 = __   ☐ · ☐ = __

4 · 3 = __   ☐ · ☐ = __

2

| 2 | 5 | 9 |

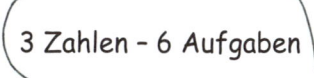

3 Zahlen – 6 Aufgaben

☐ · ☐ = __   ☐ · ☐ = __   ☐ · ☐ = __

☐ · ☐ = __   ☐ · ☐ = __   ☐ · ☐ = __

3 | 4 | 6 | 7 | 9 | 4 Zahlen – 12 Aufgaben

☐ · ☐ = __   ☐ · ☐ = __   ☐ · ☐ = __   ☐ · ☐ = __

☐ · ☐ = __   ☐ · ☐ = __   ☐ · ☐ = __   ☐ · ☐ = __

☐ · ☐ = __   ☐ · ☐ = __   ☐ · ☐ = __   ☐ · ☐ = __

4 | 7 | 3 | 8 | 5 | 2 | 5 Zahlen – 20 Aufgaben

☐ · ☐ = __   ☐ · ☐ = __   ☐ · ☐ = __   ☐ · ☐ = __

☐ · ☐ = __   ☐ · ☐ = __   ☐ · ☐ = __   ☐ · ☐ = __

☐ · ☐ = __   ☐ · ☐ = __   ☐ · ☐ = __   ☐ · ☐ = __

☐ · ☐ = __   ☐ · ☐ = __   ☐ · ☐ = __   ☐ · ☐ = __

☐ · ☐ = __   ☐ · ☐ = __   ☐ · ☐ = __   ☐ · ☐ = __

Malaufgaben in der Tierwelt

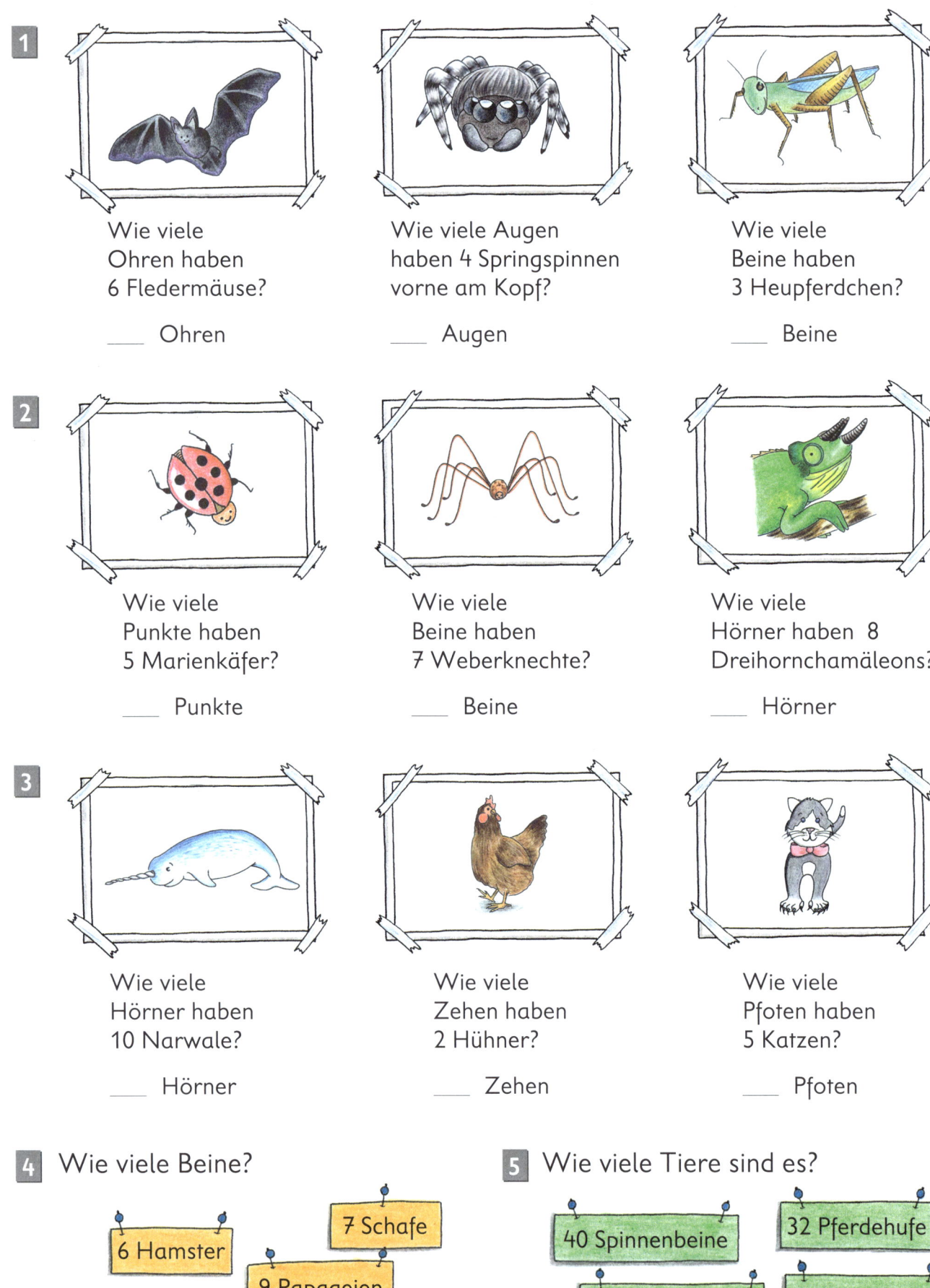

1

Wie viele
Ohren haben
6 Fledermäuse?

___ Ohren

Wie viele Augen
haben 4 Springspinnen
vorne am Kopf?

___ Augen

Wie viele
Beine haben
3 Heupferdchen?

___ Beine

2

Wie viele
Punkte haben
5 Marienkäfer?

___ Punkte

Wie viele
Beine haben
7 Weberknechte?

___ Beine

Wie viele
Hörner haben 8
Dreihornchamäleons?

___ Hörner

3

Wie viele
Hörner haben
10 Narwale?

___ Hörner

Wie viele
Zehen haben
2 Hühner?

___ Zehen

Wie viele
Pfoten haben
5 Katzen?

___ Pfoten

4 Wie viele Beine?

6 Hamster

7 Schafe

9 Papageien

4 Ameisen

8 Pinguine

5 Zecken

5 Wie viele Tiere sind es?

40 Spinnenbeine

32 Pferdehufe

14 Flamingobeine

16 Kuhhörner

42 Fliegenbeine

24 Hundepfoten

1

$4 \cdot 5 \text{ €} = \underline{\quad} \text{ €}$ $\square \cdot \square \text{ €} = \underline{\quad} \text{ €}$ $\square \cdot \square \text{ c} = \underline{\quad} \text{ c}$

2

$\square \cdot \square \text{ €} = \underline{\quad} \text{ €}$ $\square \cdot \square \text{ c} = \underline{\quad} \text{ c}$ $\square \cdot \square \text{ c} = \underline{\quad} \text{ c}$

3

$2 \cdot 5 \text{ min}$ $\underline{\quad} \cdot \underline{\quad} \text{ min}$ $\underline{\quad} \cdot \underline{\quad} \text{ min}$ $\underline{\quad} \cdot \underline{\quad} \text{ min}$

10 min

4

3 cm $4 \cdot 3 \text{ cm} = \underline{\quad} \text{ cm}$

2 cm $\square \cdot \square \text{ cm} = \underline{\quad} \text{ cm}$

$\square \cdot \square \text{ cm} = \underline{\quad} \text{ cm}$

5 Wie lang ist jeweils der Zaun?

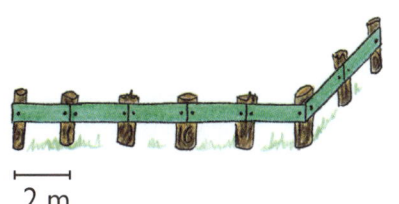 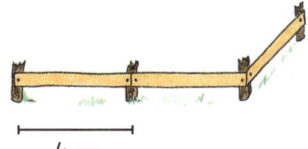 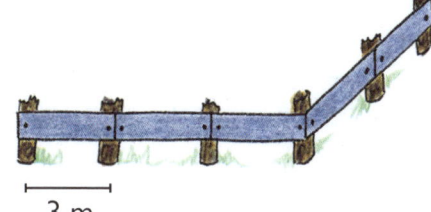

2 m   4 m   3 m

$7 \cdot 2 \text{ m} = \underline{\quad} \text{ m}$ $\square \cdot \square \text{ m} = \underline{\quad} \text{ m}$ $\square \cdot \square \text{ m} = \underline{\quad} \text{ m}$

Welche Bilder und Geschichten passen?

1

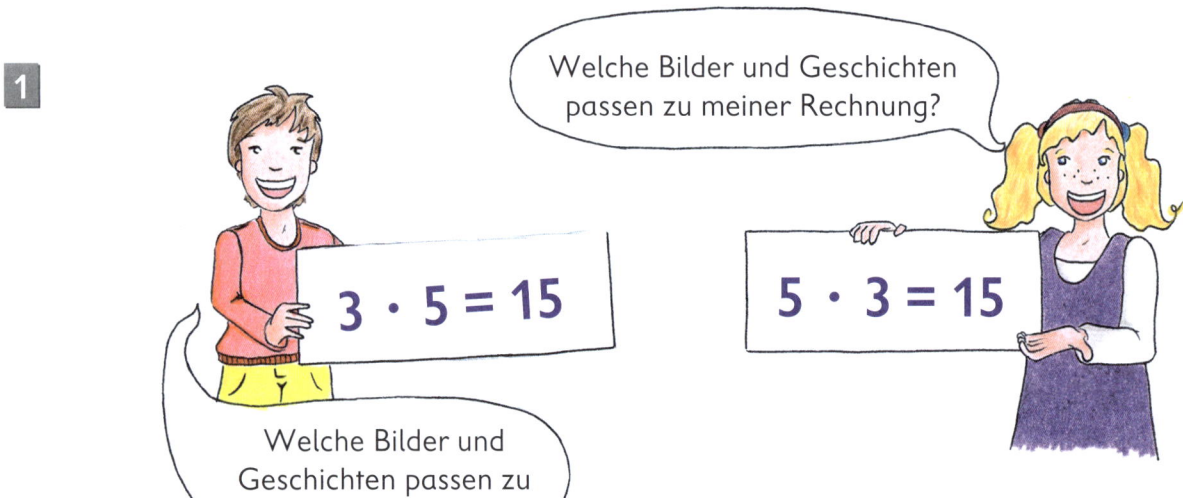

Welche Bilder und Geschichten passen zu meiner Rechnung?

3 · 5 = 15

5 · 3 = 15

Welche Bilder und Geschichten passen zu meiner Rechnung?

a)
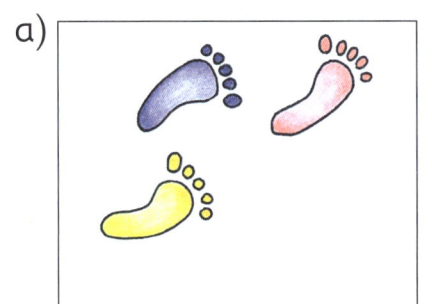

b)
Diesen Monat war ich fünfmal beim Schwimmen.

c)

d)

e)
Simon legt in einer Stunde 3 km zurück. Die Wanderung dauert 5 Stunden.

f)
Lisa, Anna und Julian spielen Karten. Jedes Kind bekommt 5 Karten.

g)
Tobias gibt in jede Vase 3 Blumen. Für die Klassenfeier werden 5 Vasen aufgestellt.

h)

i)

Vorsicht! Passen auch wirklich alle Bilder und Geschichten?

2 Erfinde zu den Rechnungen Bilder oder Geschichten.

| $3 \cdot 4 =$ ___ | $6 \cdot 2 =$ ___ | $4 \cdot 6 =$ ___ | $5 \cdot 10$ ___ | $3 \cdot 9 =$ ___ |

Rechengeschichten

1
Klara bastelt mit Kastanien 7 Tiere. Wie viele Kastanien braucht sie?

R: _____

A: Klara braucht ___ Kastanien.

2
Vater gibt 3 Packungen Mineralwasser in den Einkaufswagen. Wie viele Flaschen sind das?

R: _____

A: Im Einkaufswagen sind ___ Flaschen.

3
Rudi holt für sich und seine Freunde 4 Teller mit Marillenknödeln. Wie viele Knödel sind das?

R: _____

A: Rudi bringt ___ Knödel.

4
Marion kauft 5 Tierbilder. Ein Bild kostet 10c. Wie viel muss Marion bezahlen?

R: _____

A: Marion bezahlt ___ c.

5
Familie Ott baut ein Regal. Wie viele Fächer hat das Regal, wenn die Wand komplett verbaut wird?

R: _____

A: Das Regal hat ___ Fächer.

6
Berta pflanzt 3 Reihen Salat. In einer Reihe stehen 5 Pflanzen. Wie viele Salatpflanzen pflanzt Berta?

R: _____

A: Berta pflanzt ___ Stück Salat.

7
Für die Klassenfeier werden 6 Saftpackungen gekauft. Wie viele Trinkpäckchen sind das?

R: _____

A: Es werden ___ Trinkpäckchen gekauft.

8
Emil kauft 5 Paar Socken. Wie viele Socken sind das?

R: _____

A: Emil kauft ___ Socken.

Rechengeschichten

1

Felix richtet für die Nachspeise 6 Teller mit Palatschinken.
Wie viele Palatschinken muss er vorbereiten?

R: _____

A: Felix braucht ___ Palatschinken.

2

Eine Packung Orangensaft wiegt 4 kg.
Wie viel kg wiegen 6 Packungen?

R: _____

A: 6 Packungen wiegen ___ kg.

3

Helene lädt zu ihrem Geburtstag 7 Freunde ins Kino ein.
Wie viel muss Helene insgesamt bezahlen?

R: _____

A: Helene bezahlt insgesamt ___ €.

4

Tina möchte für ihre 3 Freundinnen Perlenarmbänder basteln.
Wie viele Perlen braucht sie?

R: _____

A: Tina braucht ___ Perlen.

5

Das Rollo soll ganz unten sein.
Wie viele Sterne sind dann zu sehen?

R: _____

A: Es sind ___ Sterne zu sehen.

6

Otto stemmt die Gewichte 9-mal.
Wie viel kg stemmt er insgesamt?

R: _____

A: Otto stemmt insgesamt ___ kg.

7

Vor der Geisterbahn warten 21 Kinder.
Immer 3 können mitfahren.
Wie viele Wägen sind notwendig?

R: _____

A: Es werden ___ Wägen benötigt.

8

Philipp hat 45 Sticker, die er seinen 5 Freunden schenken möchte.
Wie viele Sticker bekommt jeder Freund, wenn Philipp jedem gleich viele geben möchte?

R: _____

A: Jeder Freund bekommt ___ Sticker.

Ich kann die Einmaleinsaufgaben!

1

$3 \cdot 7 =$ ___	$2 \cdot 9 =$ ___	$5 \cdot 8 =$ ___	$4 \cdot 4 =$ ___	$3 \cdot 10 =$ ___
$4 \cdot 10 =$ ___	$3 \cdot 6 =$ ___	$9 \cdot 6 =$ ___	$10 \cdot 8 =$ ___	$8 \cdot 7 =$ ___
$9 \cdot 4 =$ ___	$7 \cdot 4 =$ ___	$7 \cdot 10 =$ ___	$7 \cdot 2 =$ ___	$5 \cdot 5 =$ ___
$10 \cdot 5 =$ ___	$8 \cdot 3 =$ ___	$3 \cdot 9 =$ ___	$5 \cdot 6 =$ ___	$2 \cdot 3 =$ ___
$6 \cdot 8 =$ ___	$5 \cdot 2 =$ ___	$4 \cdot 5 =$ ___	$6 \cdot 9 =$ ___	$4 \cdot 9 =$ ___

2

$2 \cdot 4 =$ ___	$4 \cdot 3 =$ ___	$8 \cdot 8 =$ ___	$9 \cdot 3 =$ ___	$8 \cdot 4 =$ ___
$6 \cdot 6 =$ ___	$9 \cdot 2 =$ ___	$6 \cdot 5 =$ ___	$7 \cdot 5 =$ ___	$6 \cdot 2 =$ ___
$8 \cdot 9 =$ ___	$3 \cdot 5 =$ ___	$9 \cdot 10 =$ ___	$2 \cdot 2 =$ ___	$7 \cdot 6 =$ ___
$10 \cdot 2 =$ ___	$8 \cdot 6 =$ ___	$3 \cdot 2 =$ ___	$3 \cdot 8 =$ ___	$3 \cdot 3 =$ ___
$4 \cdot 7 =$ ___	$4 \cdot 9 =$ ___	$4 \cdot 6 =$ ___	$10 \cdot 4 =$ ___	$9 \cdot 7 =$ ___

3

$10 \cdot 3 =$ ___	$4 \cdot 8 =$ ___	$5 \cdot 3 =$ ___	$4 \cdot 2 =$ ___	$6 \cdot 7 =$ ___
$5 \cdot 4 =$ ___	$5 \cdot 7 =$ ___	$6 \cdot 4 =$ ___	$10 \cdot 9 =$ ___	$2 \cdot 5 =$ ___
$2 \cdot 6 =$ ___	$10 \cdot 6 =$ ___	$2 \cdot 10 =$ ___	$3 \cdot 4 =$ ___	$7 \cdot 3 =$ ___
$7 \cdot 7 =$ ___	$7 \cdot 9 =$ ___	$8 \cdot 5 =$ ___	$5 \cdot 7 =$ ___	$5 \cdot 9 =$ ___
$10 \cdot 10 =$ ___	$8 \cdot 2 =$ ___	$7 \cdot 8 =$ ___	$9 \cdot 8 =$ ___	$2 \cdot 8 =$ ___

4

$5 \cdot$ ___ $= 40$	$9 \cdot$ ___ $= 36$	___ $\cdot 3 = 12$	___ $\cdot 8 = 72$
$6 \cdot$ ___ $= 18$	$5 \cdot$ ___ $= 25$	___ $\cdot 4 = 28$	___ $\cdot 7 = 35$
$4 \cdot$ ___ $= 32$	$7 \cdot$ ___ $= 42$	___ $\cdot 7 = 21$	___ $\cdot 6 = 24$
$7 \cdot$ ___ $= 14$	$3 \cdot$ ___ $= 6$	___ $\cdot 5 = 50$	___ $\cdot 3 = 24$
$8 \cdot$ ___ $= 48$	$2 \cdot$ ___ $= 18$	___ $\cdot 2 = 16$	___ $\cdot 4 = 20$

5

$21 : 3 =$ ___	$63 : 7 =$ ___	$45 : 5 =$ ___	$63 : 9 =$ ___
$27 : 9 =$ ___	$40 : 5 =$ ___	$42 : 7 =$ ___	$18 : 6 =$ ___
$20 : 5 =$ ___	$60 : 10 =$ ___	$80 : 8 =$ ___	$45 : 9 =$ ___
$12 : 2 =$ ___	$56 : 8 =$ ___	$15 : 3 =$ ___	$64 : 8 =$ ___
$16 : 4 =$ ___	$36 : 6 =$ ___	$24 : 4 =$ ___	$18 : 2 =$ ___

Ich kann die Einmaleinsaufgaben!

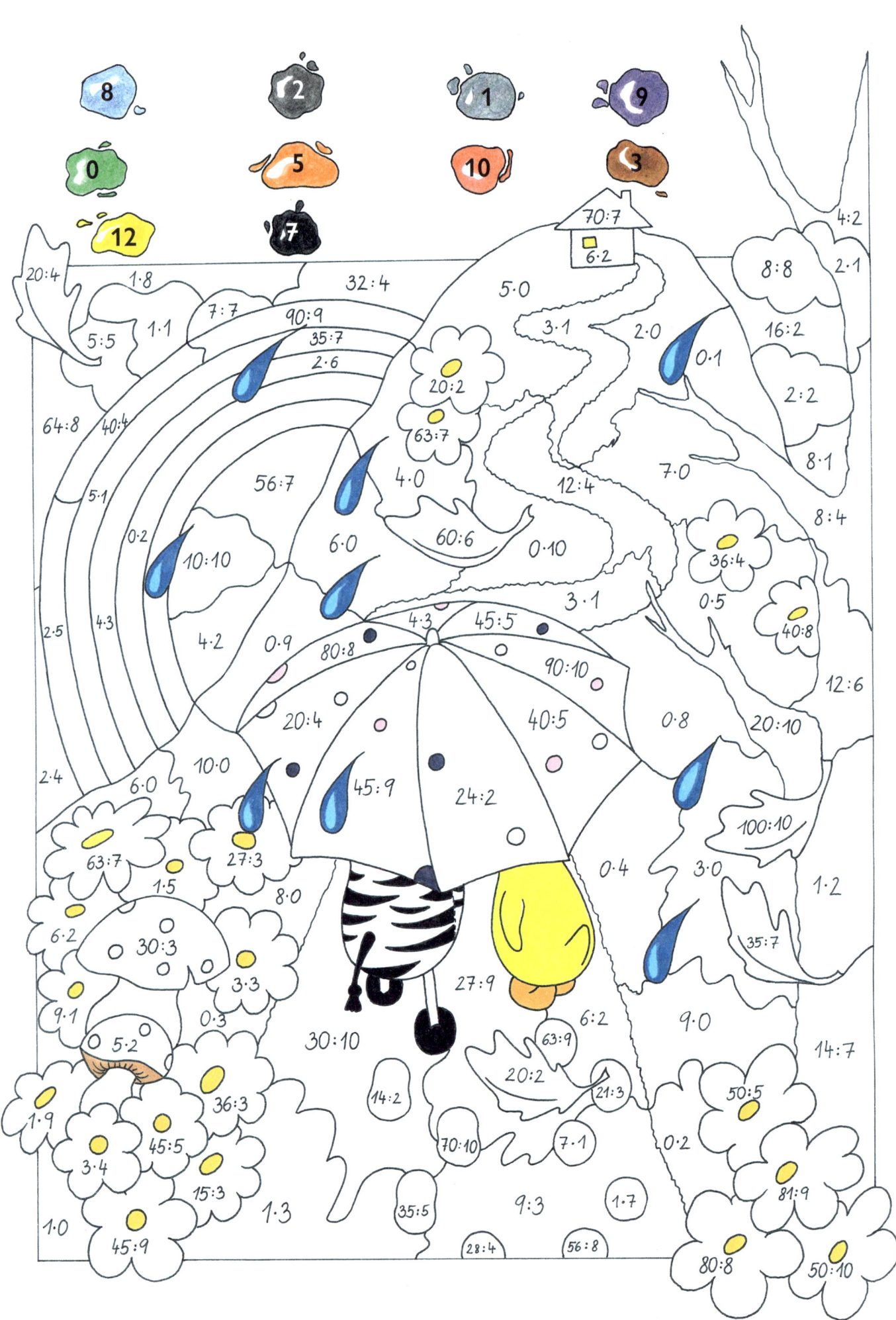